한국의 수필 대표작선집

열다섯 번째 한석근 수필집 '77 희수 기념문집'

나무들의 합창

한국의 수필 대표작선집

나무들의 합창

한석근 수필집

1판 1쇄 인쇄/ 2017년 10월 25일
1판 1쇄 발행/ 2017년 10월 30일

지은이 / 한 석 근
펴낸이 / 우 희 정
펴낸곳 / 도서출판 소소리

등록 / 제300-2007-21호
주소 / 03073 서울 종로구 성균관로 5길 39-16
전화 / 765-5663, 010-4265-5663
e-mail: sosori39@hanmail.net
www. sosori.net

*잘못된 책은 바꿔드립니다. 값 9,000원

ISBN 979-11-5891-090-7 04810
ISBN 978-89-959287-6-9 (세트)

한국의 수필 대표작선집

다이아몬드 세트

나무들의 합창

한석근 수필집

서문

노년에 든 문학 활동

중학 2학년 때부터 선친께서 읽으시던 탐정 소설책 『백가면과 황금굴』(김대성 저), 연애소설 『새벽 길』(방인근 저), 『순애보』(이광수 저) 등을 읽으며 문학에 대한 눈을 뜨기 시작했다. 고등학교에 입학하면서 시작한 문학(운문)은 올해로 예순한 해로 회갑을 맞았다. 그동안 줄기차게 습작해온 시, 수필, 칼럼, 향토논문 등 많은 작품을 썼다. 하지만 이렇다하게 뚜렷한 금자탑을 쌓지 못한 채 희수를 맞았다.

회갑을 맞았을 때는 젊음이 충만하여 다음엔 고희문집을 내리라 마음먹은 것이 여의찮았고, 고희를 지나면서 미수에나 문집을 전집형식으로 만들까도 생각했으나 아무래도 몇 년 후의 건강을 보장할 수가 없는 조바심이 들어

서둘러 세대로 된 문집 형식은 갖추지 못하였지만 소소리 출판사에서 선정한 「한국의 수필 대표작선집」의 명분을 빌어 책표지 상단에 '한석근 희수문집'이라고 표시하여 마음의 부담감을 적게나마 덜고자 했다.

그동안 흩어놓은 시, 수필, 논설(칼럼), 향토사(논문) 등의 원고는 정리하는 대로 『동촌 한석근 문학전집』 형식으로 발간하고자 한다.

이런 마음을 읽어 '수필선집'의 발간을 배려해 주신 소소리 우희정 사장에게 고마운 마음을 전한다. 원고 정리에 힘을 보태준, 아들 동환이와 울산대학 국문과 구교정 양에게도 고마운 마음을 전한다.

2017년 8월 동촌 분재원에서 한 석 근

· 차례

· 서문 —· 저자

1. 나무들의 합창

괴추(槐秋)꽃과 등용의 계절 —· 12
한반도의 소나무 숲 —· 17
입춘 전후에 피는 월사매(月沙梅) —· 22
효용성(效用性)이 많은 화살나무 —· 27
벚나무 탐미(耽美) —· 32
4월과 5월의 꽃구경 —· 37
수삼(水杉)나무 길을 따라 —· 41
골리수(骨利樹)액 —· 47
죽순과 대나무 —· 52
숲에서 하루를 —· 56
나무들의 합창 —· 60

2. 월견초 필 때면

새롭게 꽃피는 백제문화 —·66
간송(澗松) 같은 인물 —·72
낙동강 3루(樓) —·77
도리천(忉利天) 산책 —·82
이름난 관음사찰(觀音寺刹) —·87
남전시우회(濫田詩友會) —·92
연꽃사연 —·96
봄꽃 따라서 —·101
고향 연정 —·106
월션조 필 때면 —·110

3. 제주의 신화

선진 국민 —· 116
갯물 웅덩이 —· 119
꽃피운 인쇄문화 —· 126
유정만선(柳亭慲蟬) —· 129
북엇국 —· 133
한국 최초의 포경선 —· 137
우정과 신의 —· 142
산학(產學)을 잘하는 민족 —· 148
우리 역사 다시보기 —· 153
제주의 신화 —· 159

4. 태화강 꽃밭을 거닐며

멸종에 이른 어종들 —· 164
배타적 경제수역 —· 169
그곳에도 갈대꽃은 피었을까? —· 174
파사현정(破邪顯正) —· 179
노아의 방주 —· 184
고운(孤雲)이 머문 농산정(籠山亭) —· 189
홍상도(紅裳島) 달불놀이 —· 195
태화강 꽃밭을 거닐며 —· 200

작가 연보 —· 204

1

나무들의 합창

괴추(槐秋)꽃과 등용의 계절

이 지구상의 나무는 모든 생명을 키우는 어머니이다.

살아있는 노거수는 역사를 간직한 생명의 문화재이기도 하다. 더구나 자연의 미학을 일깨워 정신을 풍요롭게 해 주는 것 또한 나무이다. 그래서 나무에 깃들인 오래된 이야기에 귀를 기울이게 된다.

오래된 나무는 살아온 연륜만큼 수많은 사연을 간직하고 있다. 그러므로 문화적인 가치가 높고 중요하다. 눈에 띄지 않는 정신문화를 깊이 간직하고 있는 것이 나무이다.

인류는 이 세상에 태어날 때부터 나무에 의존하여 삶을 영위해 왔다. 나무가 뿜는 신선한 산소를 마시고 열매를 따 먹고 의복과 종이까지 어느 것 하나 이용하지 않는 게 없다. 그 가운데서도 가장 중요한 것은 집을 짓게 하는 목재였다. 나무에서 병의 치료제를 얻고 염료와 수액을 얻어 생명을 유지해 왔다. 녹색의 풍요로움을 통해 심신의 안정과 건강을 얻으며 많은 혜택을 누려 왔다.

일찍이 나무와 꽃의 중요성을 깨달은 세종 때의 명신 강희안은 『양화소록(養花小錄)』을 집필하고 유구국(琉球國)에서 보낸 조공물에 소철과 영산홍이 있었다고 했다. 당시로선 조선에 처음 들어온 식물이라 했다. 지금은 흔한 꽃이 영산홍이지만 당시에는 강희안이 가꾼 영산홍을 보고 많은 사람들이 신기하고 놀랐다고 한다. 이같이 자생하는 식물이 아니면 사람들은 호기심을 가지게 마련이다.

무더위가 38도를 오르내리며 기승을 부리는 8월이다. 며칠 있으면 입추이고, 입추 지나면 곧 말복이다. 말복 지나면 땅속에서 찬기가 솟아오른다고 한다. 땅속이 먼저 가을을 알리고 땅위의 나무도 여름 꽃을 피워 가을을 알린다.

이 나무가 회화나무이다. 울산 도심에서 가장 손쉽게 볼 수 있는 회화나무 노거수는 구 울산초등학교 운동장에 있고 나이 300년쯤 되었다. 이보다 더 오래된 회화나무는 우정동 뒷길 소방도로를 낀 밀집한 주택가에 있는 700년 된 나무인데, 이 나무들이 꽃을 피웠다.

회화나무에 꽃이 피면 성급한 사람은 가을 준비를 한다. 연노란 꽃이 다투어 피더니 벌써 지기 시작한다. 천년을 사는 장수목으로 은행나무, 팽나무, 느티나무는 4대 장수 활엽수이다.

중국이 원산지로 언제 우리나라에 들어온 지는 확실치 않으나 삼국사기 열전에 '성이 함락되자 백제의 해론이 회화나무에 머리를 박고 죽었다'는 기록을 보아서는 그 이전에 들어온 것이 분명하다. 회화나무는 궁궐의 뜰이나 공자의 대성전 같은 곳에 심었다. 선비들의 학문과 입신양명을 뜻하는 표상으로 삼았다.

삼공구경(三公九卿)이 집무하는 곳에 심는 나무이므로 그곳으로 다가가기 위한 학문의 길을 괴문극로(槐門棘路)라고 했다. 여기서 보면 괴(槐)가 회화나무를 뜻하는 글자이다. 우리나라에서는 회화나무를 괴(槐)라 쓰고, '느티나무 괴' 또는 '회화나무 괴'라고 읽는다.

황제와 군왕이 정사를 돌보는 궁궐을 괴신(槐宸)이라 했음은 회화나무가 있는 큰 집이란 뜻이다.

음력 7월 회화나무 꽃이 필 때 치르는 진사시를 괴추(槐秋)라 불렀다. 초가을로 접어들 때 치르는 시험을 회화나무 꽃에 빗대어 한 말이다. 시험장으로 가는 길을 괴로(槐

路)라 했던 것도 이 때문이다.

울산의 여러 곳에 회화나무가 있으나 중구 우정동 회화나무는 두 줄기로 자란 쌍간 높이가 12미터에 이르고, 둘레가 5미터에 이른다. 단간 굵기로 보아서는 700년의 세월이 쌓이진 않은 것 같다. 가운데 빈곳이 있어 주간이 고사하고 곁가지가 자라서 둘레를 이룬 듯하다. 이 회화나무 아래 아담한 성황당이 있고 기와지붕 골마다 청태를 두르고 앉았다. 성황당은 지역의 수호신을 모시고 해마다 정월 대보름날 마을 사람들이 모여 안녕과 화합을 기원하며 제사 지내는 곳이다. 이곳 성황당에는 신라 때부터 울산도호부의 수호신인 계변천신이 모셔져 있다.

계변천신은 계변성의 신두산(지금의 학성공원)에 학을 타고 내려와 고을 사람들의 수복(록)을 관장한 천신을 말한다. 조선시대까지는 이 성황당은 울산 읍성 안에 있었으나 정유란에 참화를 입고 그 후 우정동으로 옮겨졌다. 그때가 정조 10년(1780년) 무렵이다. 이에 관한 기록은 경상도지리지, 동국여지승람, 학성지, 울산읍지 등에서 찾아볼 수 있다.

회화나무가 지키는 우정동은 예전에는 강정마을과 소바우(소장터)를 알리는 행정구역으로 합쳐 우정동이 탄생했다. 올해도 이곳 노거수 회화나무는 가을을 알리는 전령처럼 무수하게 꽃잎이 떨어져 노란 떡고물이듯 수북이 길 위에 쌓였다.

입추가 지났으니 이제 곧이어 말복이 들어서고 가을을 알리는 괴추꽃으로 한결 등룡의 계절이 다가왔음을 실감하리라. 우정동을 지키는 아니, 우리 고장의 지킴이 우정동 회화나무는 가장 오래된 울산의 보호수로 그 사명을 다하리라 믿는다.

시민 모두가 회화꽃처럼 피어서 큰 울산을 만들었으면 좋겠다.

(2015. 8)

한반도의 소나무 숲

우리나라 산야를 뒤덮고 있는 숲은 소나무가 가장 많다. 1970년대까지만 해도 전국토의 70% 이상이 소나무 숲으로 덮여 있었으나 지금에 와서는 그 비율이 점차 낮아지고 있다. 첫 번째 원인이 기후변화로 인한 온도상승이며, 그 다음이 제선충이라는 소나무에 기생하는 병충해이고, 다음이 해마다 겨울철에 전국적으로 발생하는 산불로, 1년에도 수십만 헥타르에 이르는 산림자원이 훼손되고 있다.

소나무가 자라던 지역에 소나무가 자리를 내어주면 급격히 활엽수가 자리를 차지하게 된다. 그 가운데서도 가장 번성하게 자라는 것이 참나무류이고, 그 다음이 산벚나무, 오리나무 등이다. 이들이 숲을 이루게 됨에 소나무

면적이 급격히 줄어들고 있는 실정이다.

원래 소나무는 한대식물로 춥고 메마르고 거친 땅에서 잘 자라는 강한 수종이다. 따뜻하고 습기가 많으면 병충에 대한 저항력이 떨어져 노령목으로 자라지 못한다. 대개 아름드리 노령목은 바위가 많은 산등성이나 거칠고 메마른 경사면에서 울창하게 잘 자라고 있다. 이것이 소나무의 생태적 특성이다.

그러고 보면 한반도의 백두대간을 중심으로 소나무의 분포지역이 형성되어 있다. 강원도의 강송, 울진 봉화지역의 춘향송, 안면도의 안면송을 통틀어 금강목이라 하며 이 나무들을 최고 목재로서의 가치가 있는 황장목(黃腸木)이라 부른다. 아주 재질이 단단하고 색감도 노르스름한 색을 띠고 있어 대목장의 사랑을 받는 수종이다. 소나무도 그 종류가 다양하다. 자랄수록 붉은 빛을 띠는 조선 소나무의 원래 고향은 연해주 쪽이다. 2천여 년 전부터 차츰 남쪽으로 분포하기 시작한 것이 오늘에 이른 한반도 산야이다. 그러면 그 이전에는 어떤 나무들이 자랐을까가 궁금해진다. 울산 석유화학 공단 조성 당시 지하 20~30미터에 묻혔던 귀화석을 분석하니 지름 30센티미터에 이르는 참나무류였다. 그렇다면 수천 년 전의 한반도 전역 산야의 숲은 어떤 수종이었던가를 유추해볼 수 있다. 이렇게 수 천수 만년에 걸쳐 지구의 변화에 따라 지구 표면에 자생하던 동식물의 변화상을 상상해볼 수 있어 퍽 흥미롭다.

소나무류는 품종이 여러 종이지만 분포 지역도 세계 여러 곳에서 만나게 된다. 열대지역인 보르네오 섬의 바닷가에 자라는 송수(松樹)는 잎이 길고 부드럽고 침엽 같은 감을 느끼게 하지 않으나 잎을 뽑거나 가지를 꺾으면 송진향이 아주 진하게 느껴진다. 소나무류만이 가지는 특유한 피톤치드 때문이다. 솔향은 대왕송에도 많이 느낄 수 있으며 잣나무는 더욱 진하다. 그 종류 또한 다양하다. 내륙에서 자라는 소나무, 해안의 곰솔, 백두산 일원 이도백하 지역의 미인송, 잣나무, 일본 남부지역의 금송, 울릉도의 솔송, 대왕송, 리기다송, 반송, 용송, 금송, 백송 등 헤아릴 수 없이 많은 종류의 소나무가 지구상에 자라고 있다. 이 가운데 가장 인상적이었던 기억은 15여 년 전 몽골 초원 토진나르스(Tujinnars)에서 보았던 소나무 군락지대이다. 이 지역은 몽골에서 지정한 솔숲보호지역이며 국립공원이기도 하다. 북위 41도와 52도 사이에 있는 나라로 북쪽으로는 러시아, 서쪽 일부는 카자흐스탄, 이외의 지역은 중국과 국경을 접하고 있는 면적 157만㎢, 인구 300만의 국가로 산림 면적이 10㎢로 우리나라 면적과 거의 같다. 산림지역은 바이칼 호수 남부 창가이, 중앙아시아 3개 지역으로 구분되어 있다. 바이칼 남부지역은 몽골 북부지역으로 시베리아 잣나무(Pinus sibirica)와 시베리아 낙엽송(Larix sibirica), 구주소 나무(Pinu sylvestris), 시베리아 전나무(Abies sibirica), 자작나무(Betula platyphylla)가 많이 자란다. 구주소나무가 분포하는 곳은 울란바토르에서 북쪽으로 300㎞가량 떨어진 셀렁게 주의 토진나르스 지역이다. 셀렝게 주는 몽골 21개 주의 하나인데 면적이 4.3㎢이다. 인구는 10만 명에 이른다. 러시아와 국경을 접하고 있으며, 대표하는 주는 수흐바타르(sukhbatar)이다. 셀렝게라는 이름은 셀렝 강에서 유래한 이름이다. 셀렝 강은 몽골에서 시작해 러시아로 흐르는 강으로, 몽골의 항가이 산맥에서 발원해 바이칼 호로 들어가는 길이 1,024㎞의 길고 먼 강이다. 이 지역의 겨울은 매우 추워서 평균 겨울 기온이 35~42도C로 여름은 30~36도C로 기온차가 크다. 연평균 강수량은 300~400㎜이고 여름과 겨울 사이에 가장 많이 내린다.

셀렝게 강가에는 비슬나무와 키 낮은 버드나무가 많이 자란다. 넓은 초원에 우뚝 우뚝 선 소나무가 옅은 초록 위에 짙은 초록을 모자이크한 듯 인상적이다. 위로 솟을수록 붉은 줄기가 더 넓게 가지를 뻗었고 선덕여왕 왕릉 같은 수관은 우리나라의 금강송을 연상하는 것 같아 더욱 정감을 더했다. 산불을 견뎌내고 버티고 선 노령목은 그 모습이 너무 단단하고 의연한 모습이어서 나도 모르게 경외감을 가슴에 새긴다.

(2016. 12)

입춘 전후에 피는 월사매(月沙梅)

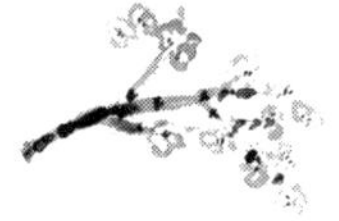

남녘 땅 제주 성산포에서는 벌써 유채꽃이 노랗게 봄빛을 어르며 한껏 자태를 뽐낸다. 뿐이던가. 한려해상국립공원 거제시의 구조라 분교에는 춘당매(春堂梅)가 겨우내 단단히 여민 봉인을 뜯고 며칠 사이 꽃망울을 터뜨렸다.

하지만 아직 봄은 아니다. 영상의 봄이 되려면 한 달가량 지나야 봄다운 봄이라 할 수 있다. 절기상 기준을 잡는다면 입춘부터지만, 우리 주변의 입춘은 아직 엄동이 물러서지 않고 있다. 입춘인데도 추위가 지속되는 것은 24절기가 중국 주나라 때 허베이지방 기후에 맞추어 정해져서 우리나라와는 기후 차이가 있는 것이다. 입춘에 혹독한 추위가 찾아오면 '입춘 추위에 김칫독 얼어 깨진다'고 했고, '입춘 추위는 꿔다해도 한다'는 말이 있다.

정상적인 봄은 1년 열 두 달을 4등분한 '계절기준'으로 '천문학적 기준'으로는 3월 1일부터를 봄으로 간주한다. 낮과 밤의 길이가 같은 춘분인 3월 20~21일부터이고, '기상학적 기준'은 9일간의 평균 기온 값이 영상 5도 이상 올랐다가 다시 떨어지지 않는 첫날로 정의한다.

이 기준으로 서울은 3월 12일이 봄이고, 부산은 2월 9일쯤에 봄이 시작된다. 그러고 보면 서울의 봄은 입춘에서 36일쯤 더 기다려야 기상학적 봄이 찾아오게 된다. 이에 반해 부산을 비롯한 남쪽은 다음 주에는 봄이 시작되는 셈이다.

입춘 하루 전 통도사 경내 월사매(月沙梅)가 꽃망울을 터뜨렸다. 홍매를 월사매라고 부르는 까닭은 월사(月沙) 이정구(李廷龜:1564~1635)가 선조 29년(1596)에 동지사(冬至仕)의 서장관(書狀官)으로 명나라에 갔다 돌아오면서 구해다 심었기 때문에 단엽 홍매를 그의 호를 따서 월사매라고 부르기도 한다. 그러나 여러 겹으로 피는 홍매는 고려 때 이미 선비들이 애호해 많이 심어졌다.

남녘에는 입춘을 전후 해 벌써 매화가 피고지고를 시작했다. 땅속에서 새싹이 돋아 가장 먼저 꽃피우는 것은 복수초이다. 꽁꽁 얼어붙은 지표를 뚫고 나와 노오란 꽃을 피운다. 복수초는 연약해 보이지만 아주 강인한 생장력을 가지고 있다. 새싹 끄트머리에 열을 발산해 언 땅을 녹여서 새순을 돋아나게 한다.

매화가 한풍에 강한 것은 한기(寒氣)를 어르는 특성이 있기 때문이다. 세한삼우 가운데 가장 앞서 꽃피운다. 설중매화이긴 해도 복수초의 곧은 절개에 뒤질세라 월매는 가장 먼저 꽃피는 선두주자이다.

겨울의 끝자락 입춘이 다가서면서 시나브로 봄기운이 잠든 대지를 흔들어 놓으니 남도 곳곳에는 여인의 속곳 붉게 물들이듯 동백꽃이 선혈을 토하듯 낙화로 땅을 덮는다.

옛 선비들은 모진 추위 속에서도 융동(隆冬)에 피는 매화를 납월(臘月:음력 선달)에 꽃 핀다 해서 납매(臘梅)라고도 불렀다.

남쪽 순천의 낙안읍성에서 가까운 금둔사, 선암사, 구례 화엄사에서는 가장 일찍 매화가 피어 온 누리에 향기를 내뿜는다. 금둔사의 납매는 붉은색으로 피어서 우리나라에서는 가장 먼저 1월초 이미 피었다가 졌다. 선암사와 화엄사의 홍매들도 때 이르게 앞 다투어 꽃소식이 전해오리라.

봄을 알리는 선비의 꽃 매화가 피고, 복수초가 고개를

내밀면 절기를 속이지 못하는 입춘도 무법자처럼 성큼 양지바른 마당어귀에 들어선다. 선잠에서 깨어나듯 동면에서 깨어날 새싹들이 차례로 영춘의 전령으로 나선다.

복수초, 매화, 동백, 명자꽃, 개나리(금요대) 등 입춘을 반기며 새싹과 꽃망울을 터뜨리며 '입춘대길', '건양다경'에 한껏 희망에 부푼 을미(乙未: 청양)년이 시작되는 날이기도 하다.(봄이 들어서니 좋은 날이 되고, 경사스러운 일이 많이 있기를 기원하는 의미이다.)

같은 양(羊)이라도 을미(乙未: 푸른 양), 계미(癸未: 검은 양), 정미(丁未: 붉은 양), 기미(己未: 노란 양), 신미(辛未: 흰 양) 등으로 육십갑자가 시작되는 첫날이 입춘(立春)부터이다. 만물이 소생하는 봄을 알리는 날이다.

입춘이 다가온 날이지만 삼천 리 팔도강산은 아직 겨울잠에 빠져있다. 민족의 성산 백두대간이 엄동설한의 동토에서 깨어나지 않고 동면에 취해있다. 하지만 시나브로 다가서는 봄기운에 꽃은 피었다 지고 또한 새움은 돋아 연초록 잎새 미풍에 살랑일 것이다.

옛 시설 고려의 명기 황진이도 입춘이 다가선 매화나무를 보며 불후의 명시를 남겼다.

매화 예 등걸에
춘절이 돌아오니
예꽃피던 가지에 피엄직도 하다마는
춘설이 어지럽게 흩날리니
필동말동 하여라.

절기를 속이지 못하고 꽃봉오리 터뜨리는 매화를 보며 속절없이 떠난 님을 그리며 읊었을 그 심사를 옛님은 차마 알리오. 시절만 유한하게 변하는 것을.

효용성(效用性)이 많은 화살나무

십수 년 전까지만 해도 주말이면 산을 자주 찾았다. 산을 오르다 보면 일상 속의 잡다한 생각들을 버리게 된다. 산이 안겨주는 넉넉함도 있겠으나 맑은 공기며 숲속에서 배우는 새로운 것들이 많아서 즐거움을 안겨준다.

산을 오를 때면 맨 앞에 서거나 뒤처져서 걷는다. 나만의 즐거움을 가지기 위해서이다. 산에서 자생하는 천수백화는 보는 것만으로도 즐거움이다. 서로 어깨를 기대며 하늘 높이 자란 나무들 아래 낮은 키로 자라는 관목들이 있고, 그 관목 곁에는 지표를 수놓은 풀꽃들도 많다. 이 모든 나무와 풀들이 계절이 변할 때마다 새로운 것들을 알려주며, 숨어있는 재미로운 이야기들을 들려주기도 해 산길을 걷노라면 더욱 즐거움을 안겨준다.

그 해도 4월이 한창 꽃을 피우려고 땅기운을 데울 때였던가 보다. 길섶에 무리지어 자라던 화살나무가 막 새 잎을 내밀던 시기였다. '저 앙증맞은 화살나무들이 어찌 여기서 이렇게 많이 자랄까?' 걷던 발걸음을 멈춘 채 한동안 지켜보다 말고 매었던 배낭을 내렸다. 아무런 도구도 없는 터라 싸릿대 굵은 줄기 하나를 꺾었다. 별수 없이 호미대신 땅을 파고 새끼손가락 굵기 만한 화살나무 두 그루를 팠다. 흙이 떨어진 뿌리는 옮겨 심어 살지 않을 것 같았지만 그냥 비닐봉지에 뿌리를 싼 채 배낭에 넣었다.

다음 날 아침에 일어나 심겠다던 생각은 잊어버리고 오후에야 마당 한 켠에 심고 질퍽하게 물을 주었다. 그러고는 잊어버리고 가을을 맞았다. 분재가 진열된 사이로 유난히 빨갛게 물든 단풍잎이 있어 다가가서 보니 웬일인가? 봄에 옮겨놓고 잊어버렸던 그 화살나무 잎이 붉은 피를 토하고 있었다. "아, 미안하구나, 돌보지 않았어도 이렇게 잘 자라주었으니 고맙구나." 자신도 모르게 감탄사가 터져 나왔다.

6~7년이 지났다. 혁신도시에 편입된 주택에서 시가지 변두리 지역으로 분재농장을 만들고 아끼던 나무들(분재, 정

원수)을 옮겼다. 그땐 시간적인 여유가 없어 급히 옮기느라 나무마다 제자릴 잡지 못했다. 시간 있을 때마다 자리를 정하며 소나무, 자귀나무, 동백, 배롱나무 등을 옮기다 보니 화살나무 차례가 되었다. 그사이 굵어진 나무줄기는 어린아이 팔목 굵기로 수형이 아름답게 자랐다. 단풍이 너무나 선혈이 낭자하듯 붉어서 보는 사람들의 감탄사를 많이 받기도 했다.

그런데 그동안 좋아만 했었지 이 화살나무가 그토록 독창성과 효용성을 많이 가진 나무인 줄은 몰랐다. 알고 보니 그냥 산간 아무 곳에서나 자란다고 해서 천시할 나무가 아니다. 아주 귀하게 여겨야 할 귀족 나무로 아껴야겠다는 생각을 갖는다.

화살나무는 가지가 조밀하게 자라므로 주택의 울타리나 관상수로 제격이다. 광나무, 쥐똥나무, 꽝꽝나무, 박태기나무들과 비교되지 않을 만큼 잎새나 열매가 아름다워 정원에서 가꿔도 손색이 없다.

화살나무는 다른 나무보다 일찍 새순을 틔워 겨우내 삭막했던 분위기에 파릇하게 생기를 가져다주며, 신전목(神箭木)은 일찍 잎이 피는 바지런함도 있어 좋다. 5~6월이면 황록색 꽃들이 군형으로 피어나서 자태가 앙증스럽다. 꽃잎과 꽃받침은 각기 4개이고, 낙화되고 나면 둥글납작한 열매가 매달려 가을엔 붉게 익어서 눈길을 사로잡는다.

사실 화살나무는 이름 그대로 가지에 날개처럼 생긴 것이 2~4줄 붙어 있어서 얻어진 이름이다. 우리나라에 자생하는 수많은 나무 가운데 날개가 가지에 붙은 것은 화살나무뿐이다.

식물학자에 의하면 1억 년 전 백악기 때 화살나무와 같은 종의 활엽수가 생겨났다. 화살나무란 이름은 활의 살(활살)같이 생긴 형상에서 비롯한 순수 우리말이다. 종소명 알라투스(alatus)는 코르크가 붙어 있는 줄기가 화살 모양인 것에서 비롯한 라틴어이다. 한자명은 귀전우(鬼箭羽), 신전목(神箭木)으로 불린다. 줄기에 붙은 날개는 귀신을 쏘는 화살이라는 뜻이다. 생김새가 특이하고 신령스러워서 산속에서 정신수련이나 도가의식을 하는 사람들이 비밀 의술의 도구로 활용했다는 이야기도 전해온다. 줄기에 붙은 날개는 코르크 재질이어서 오래전에는 화살나무를 말려서 불쏘시개로 사용했다.

중국과 일본에서도 자라긴 하지만 우리나라가 주 원산지이다. 키 3m에 달하는 화살나무는 습하고 비옥한 토질을 좋아하며 햇볕을 좋아하는 나무이다. 어린순은 따서 끓는 물에 데쳐 쓴맛을 우려내고 양념해 먹으면 별미로 봄향이 입안 가득해진다. 데친 잎을 된장국에 넣어도 좋고 잘게 썰어 밥을 지어먹어도 맛이 있다. 맛이 좋았기에 세 번 새잎을 따서 먹으면 부지런한 며느리로 칭찬 받았다. 새잎이 금방 억세어지므로 제때 따지 않으면 나물로 먹을 수 없었기에 강조한 말이 아닌가 싶다. 또한 차를 우려낸 것은 귀전우차라 해서 예부터 즐겨먹었다. 입안과 기분이 상쾌해 혀끝에 맛감이 오래 남았다. 민간요법으로는 날개를 불에 태워 재를 가시 박힌 곳에 바르면 가시가 쉽게 잘 빠져나온다고도 한다. 민가에서는 산후 출혈, 정신 불안, 대하, 어혈 등의 치료재로 이용해 왔다. 최근 들어서 위암, 식도암등 암 예방 효과가 있으며, 당뇨병 환자는 어린 줄기 5~19g을 달여 하루 세 번씩 마시면 특효약이 된다고 한다.

한동안 잊고 있었던 화살나무 정원수를 자세하게 알고 보니 아무렇게나 방치하고 무관심할 나무가 아님을 절실히 깨달았다. 시나브로 흔한 채소와 산나물 속에서 멀어졌던 화살나무 새잎을 따서 다시 우리 밥상에 올려놓고 싶다. 건강한 안정성의 먹을거리를 위해서라도.

벚나무 탐미(耽美)

벚나무는 우리나라 자생종이다. 특히 왕벚나무는 제주도 한라산과 전라도 대둔산에 자생하는 토종이다.

벚나무도 참나무같이 많은 종류는 아니지만, 몇 가지 종류로 구분된다. 우리나라 어느 산이든 자생하는 산벚나무와 남부지방에서 자라는 왕벚나무가 흔히 볼 수 있는 벚나무의 수종이다. 특별히 희귀종으로는 올벚나무와 능수벚나무가 있다.

전남 구례군 마산면 황전리에 있는 나이 350살 된 올벚나무는 천연기념물로 지정되어 있다. 이 올벚나무는 화엄사 주변에서 지난날 많이 볼 수 있었다. 꽃구경을 위한 것이 아니고, 나무의 효용성 때문에 병자호란을 겪은 이후 국난을 대비하여 임금이 벚나무 심기를 장려했으며,

벽암대사가 많이 심은 것이다. 과거에는 군수물자로 사용했는데 껍질을 벗겨 활의 손잡이에 감으면 탄력성이 좋아 손이 아프지 않아서였다. 벽암대사가 심은 올벚나무들은 세월이 지남에 따라 모두 없어지고, 지금은 천연기념물로 지정된 한 그루만 겨우 남아있다.

이 올벚나무는 인간이 세상의 번뇌에서 벗어나 열반의 세계에 도달한다는 뜻으로 피안앵(彼岸櫻)이라 부르기도 한다. 봄이 되면 피안행사가 열리는 춘분이 지난 뒤 바로 꽃이 피기 때문이다. 또 다른 이름으로 불리기도 하는데 중생을 구제하고, 번뇌를 끊으며, 모든 법문을 배워서 불도를 깨닫는다고 불교의 네 가지 서원을 위해서 심은 나무로 사홍목(四弘木)이라 불리기도 한다.

능수벚나무는 희귀목인데 몇 곳에서 볼 수 있어 다행스러운 일이다. 내가 본 가장 큰 나무는 불국사에서 보문호수로 가다보면 감포로 나가는 지방도로의 삼거리 지점 바로 곁에서 만났던, 아주 멋스러운 수형을 갖춘 노목이다. 마치 능수버들같이 가지들이 휘늘어진 모습에서 꽃이 필 때면 쳐다만 보아도 아름다운 장관이다

이곳에는 달랑 이 노목 한 그루만 있어서 아쉬움을 남기지만 조금 떨어진 보문호숫가에는 제법 많이 심겨 있다.

또 다른 곳에서는 10여 그루를 만나게 되어서 반가웠다. 이 나무들은 고려 때 가뭄을 대비해 인공으로 축조한 진주 근교 금호지의 둑 기슭에 삼단 같은 머리채를 풀어헤친 듯 휘늘어진 가지마다 꽃을 만개해 있었다.

4월 첫 주면 남부지방의 벚꽃들은 대다수 꽃이 피기 시작하는데 이곳의 능수벚꽃은 2~3주 늦게 핀 셈이다. 울창하게 선 노목들에 가려 호수 쪽으로 가지를 뻗은 능수벚꽃이 바람결에 흔들리고 있어 더욱 그 자태가 서정적이다. 능수벚나무는 다른 곳에도 있겠지만 흔치 않은 수종이어서 나무의 특성상 잘 보존되어야 한다.

왕벚나무는 우리 국민들보다 일본인들이 더욱 선호한다. 꽃이 필 때면 그 꽃무리에 매료되어 전체 국민이 축제를 벌일 만큼 대단히 사랑하고 즐긴다. 그래서 국화 다음으로 일본 열도에는 왕벚나무가 많이 심겨있다.

지금은 우리나라에서도 일본 못잖게 거리의 가로수와 공원의 정원수로 사랑받고 있다. 현재 심긴 왕벚나무는 순수한 우리 토종은 아니다. 원래는 왕벚나무가 우리 것이었지만 일본의 식물학자들이 우리 것을 가져다가 일본 것과 교접하여 신품종을 만들어낸 것이 '후지노 사쿠라(벚나무)'이다. 이 후지노 사쿠라를 오래전부터 역수입하여 여러 곳에 심었다. 이 나무들이 지금은 벚꽃축제를 벌이는 노목들이다.

일제는 창경궁에 계획적으로 벚나무를 심고 창경궁을 창경원으로 격하시켰다. 시민들에게 공개하여 벚꽃 축제 열풍을 일으키며 민족혼을 말살시켰고, 조선 왕실의 5백 년 사직마저 짓밟았다. 그러나 역사를 되짚어보면 효종이 북벌 때 벚나무를 궁재(弓材)로 쓰려고 350수년 전 우이동에 심었다는 기록이 있으니 새삼스럽기도 하다.

일본의 왕벚나무는 소메이요시노 사쿠라라 부르는데 '소메이'는 도쿄 도시마(豊島)구의 소메이 촌이다. '요시노'는 나라의 요시노 산인데 각기 이름을 따서 1900년 식물학자인 후지노가 조합하여 만든 이름이다.

우리의 토종 왕벚은 교잡종 왕벚의 꽃 색처럼 그렇게 희지 않고 엷은 분홍빛을 띤다. 이에 반해 후지노 사쿠라는 흰빛이다. 이런 속사정을 모르는 우리 국민들 중에는 '왜 일본의 벚꽃을 선호하느냐?'고 타박을 주는 사람도 더러 있다. 잘 몰라서 하는 말이다.

일찍이 제주도에 선교사로 온 프랑스인 타케르 신부는 1908년 한라산에서 왕벚나무를 보았으며, 그 후 1912년에는 독일의 식물학자 퀘흐네가 관음사 인근에서 왕벚나무를 발견하여 학계에 알림으로써 제주도 자생종임을 확인할 수 있었다.

이 왕벚나무 이외에도 여러 종의 벚꽃이 있으며, 산벚나무는 꽃이 무성하게 피지는 않지만 생장력이 강하다. 그러므로 왕벚과 산벚을 함께 심으면 훨씬 성장이 빠른 것이 산벚이다. 산벚은 그 종류가 7~8종이고, 잎색과 꽃색과 모양이 각기 다르나 전문가가 아니면 꽃이 피지 않을 때는 가리기도 어렵다. 그러나 산벚은 귀중한 우리의 문화재를 만들게 한 비밀을 가지고 있다.

박상진의 「역사가 새겨진 나무 이야기」에서 과학적으로 밝혀낸 팔만대장경판의 재료는 대다수 산벚나무로 만들어졌다고 한다. 그동안 우리 상식으로는 박달나무로 만들어진 것으로 알았으나 헛짚은 것이다. 산벚나무와 돌배나무가 경판으로 선택받은 나무들이었고, 박달나무와 거제수나무, 단풍나무, 후박나무 등이 조금 섞여 있다고 전문가는 말하고 있다. 이렇듯 벚나무는 고유한 우리의 산야에서 자생하는 나무이므로 앞으로는 잘못된 견해가 없기를 바란다.

4월과 5월의 꽃구경

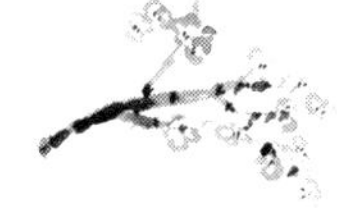

T.S.엘리엇은 '4월은 잔인한 달'이라 했다. 그가 쓴 『황무지』는 세계적인 베스트셀러가 되었고, 그의 작품 속의 '4월은 잔인한 달'이라 표현한 대목은 모든 사람들에게 애송되는 감동을 주기도 했다.

온갖 꽃들이 피어나는 4월. 왜 아름다운 꽃들이 무더기로 앞서거니 뒤따라 피어나는 4월을 잔인한 달이라고 표현했을까 하고 반문할 때 바로 그 답은 거기에 함축되어 있는 것이다.

언 땅을 헤집고 여린 새싹이 돋아나는 복수초는 봄을 가장 먼저 알리는 전령이다. 뒤이어 설중 매화가 피고 개나리, 명자꽃, 살구꽃이 줄지어 피면 뒤질세라 벚꽃, 목련, 수수꽃다리, 복사꽃이 연이어 피고 진다. 이런 4월이 오면 사람들은 축복의 달, 생명의 달, 행복한 달, 영광의 달이라 이야기 하지만 엘리엇은 '잔인한 달'이라 말한 것은 나름으로 그만한 이유가 있었다.

사월은 가장 잔인한 달
죽은 땅에서 라일락을 피우며
추억과 욕망을 뒤섞고
봄비로 활기 없는 뿌리를 일깨운다
겨울이 오히려 우리를 감싸주었다

-「황무지」 초장

이 황무지의 시의 구성은 전체가 5부 433행이며, 제1부는 '죽은 자의 매장'이고, 제2부는 '체스게임'이다. 제3부는 '불의 설교'이며, 제4부는 '의사'이고, 제5부는 '우리가 말한 것'으로 되어 있다.

제1부의 내용은 그리스 신화에 나오는 예언가 무녀는 아이네스를 지옥에서 빠져나오게 해준 대가로 아폴로에게 불사(不死)의 특권을 얻었지만 어리석게도 영원한 젊음을 요구하는 것을 깜빡 잊어버렸다. 그로 인해 그녀는 늙어서 몸이 오그라들어 작은 항아리 속에 넣어져 세인의 웃음거리가 되었다. '4월은 잔인한 달'에서 이하 7행은 4월의 정경으로

써, 초서의 '캔트베리 이야기'의 서곡을 연상시킨다. 그러나 그 달은 번민의 달로써 봄은 새싹이 움트는 일로 말미암아 오히려 잔인한 생각이 들게 하는 달이다. 이와 반대로 겨울은 땅속 깊이 고요한 절기라 할 수 있다. 이 주제는 주제로써의 죽음과 부활을 암시하고 있다고 하겠다.

어머니 태아에서 열 달이면 진통을 거쳐 새로운 생명이 탄생된다. 진통이 시작될 때 자궁은 팽창해 분만이 쉽게 되도록 문이 열린다. 이런 생명의 탄생은 자연의 법칙이며 순리이다. 우수가 지나고 경칩이 오면 얼었던 대지에 온기가 돌며 새싹이 돋아날 땅의 문을 열 준비를 한다. 어머니 모체에서 생명이 태어나듯 대지의 언 땅에서 봄의 문을 열고 나온 온갖 사물들과 천수백화는 저마다 화려한 꽃과 잎을 피우고 더워지는 여름에는 열매를 맺고 가을이면 무르익어 겨울이면 씨앗을 남긴다. 이 과정의 반복이 바로 엘리엇이 읊은 시의 초장 대미인 '죽음과 부활'을 노래한 대목이다.

긴 겨울 땅 속에서 고요하게 안식의 잠에 빠져 휴식을 만끽하는 행복함보다 봄은 새싹이 움트는 일로 오히려 고달픈 일상과 산통을 느껴야 하는 번거로움은 잔인함으로 느껴지는 대목이다. 화려하게 꽃이 핀 모습 뒤엔 고통스러운 진통이 감춰져 있음을 역설해 주고 있다.

이런 고통의 과정을 거쳐 새싹이 돋고 봉인된 꽃봉오리가 열리는 순간은 화사하고 감격스럽다. 그래서 꽃의 모습이 아름답고 인간의 새생명이 거룩하다고 말하는 것인가?

올봄에는 잔인한 달 4월의 꽃구경과 5월의 꽃구경은 막역한 벗들과 어울려 어느 한적한 교외 공원을 찾아 온종일 이 계절 피어날 꽃들을 예찬해 보리라. 4월이 저물면서 낙화하는 꽃들을 바라보며 비탄에 젖는 일은 없으리라. 앞서 피었다가 지는 붉고 노란 꽃보다 누군가 계절의 여왕이라 예찬한 순백의 아까시꽃, 이팝꽃, 치자꽃, 배꽃, 흰겹벚꽃이 화사하게 피기 때문에. 어쩌면 온 나라 안이 세월호 참사에 슬픔에 잠긴 위안이라도 하듯 떠나는 상여에 흰꽃등을 달려나 보다.

(2014. 2)

수삼(水衫)나무 길을 따라

울창하게 허공을 우러러 키를 세운 숲길을 걷는다. 이곳은 대전 유성구의 교외에 자리 잡은 천혜의 자연조건이 건강한 장태산 산림공원이다. 넉넉하게 숲의 품을 내어준 산기슭을 따라 인공 조림한 수삼나무 숲길은 정말 풍광명미한 자연과 어우러져 포근한 정감을 안겨준다. 이 공원을 이토록 아름답고 멋지게 가꾸기까지는 수십 년 동안 많은 땀을 흘려 노력했음을 느끼며, 이 숲의 조성에도 남모르는 비사가 숨어있음을 엿들었다. 어쨌거나 이토록 숲을 잘 가꿈에 찬사를 보내며 수직으로 선 나무 그루를 찬찬히 바라본다.

비단 이곳 장태산 산림공원 뿐만이 아닌 전국 각 지방마다 수삼나무 숲이 많이 조성되어 있다. 토종보다 외래종이 이 땅에 들어와서 아름다운 수형을 선뵈며 멋지게 풍경을 만든 지도 꽤 오래되었다.

처음 메타세쿼이아를 본 것은 부산 서대신동에 있던 법원 마당에서였다.

아마도 30여 년 전 늦은 가을로 기억된다. 친구의 송사문제로 부산 법원에 갔을 때 마당 한가운데 잎이진 채 조밀하게 가지를 허공에 내보이며 수직으로 하늘 높이 치솟아 있었다. 등걸도 굵어 어른 허리통만큼 되었다. 특히 뿌리 부분이 사방팔방 뻗어있었다. 굵어진 뿌리마다 깊게 몸체와 골을 만들며, 치솟음이 안정되어서 '참 멋진 수형을 이뤘구나.' 혼잣말처럼 중얼거렸던 기억이 떠오른다.

이같이 나무에 대한 관심을 가지는 것은 학창시절 전공으로 임학을 배웠기 때문이다. 그때 처음 본 이 나무는 낙우송(落羽松)으로 생각했다. 낙우송과 너무나 생태나 생김새가 닮았기에 그렇게밖엔 달리 생각할 수가 없었다. 낙엽송과는 전혀 딴판이었으니 메타세쿼이아가 우리 곁에 다가오기까지는 낙우송으로 줄곧 생각해 왔다. 그러던 이 나무가 1970년대부터 호남지방부터 가로수로 심어지면서 인기를 끌기 시작했다. 도로변의 습하고 비옥한 토질에는 아주 잘 자랐고 수형도 반듯하게 자라서 멀리서 바라보면 열병식을 하듯 더욱 멋스러움이 더했다. 이런 나무의 특성으로 전국적으로 보급되어 급속히 가로수, 공원수, 학교 운동장, 강변길에 심어져서 지금은 전국적으로 사랑받는 수종이 되었다. 메타세쿼이아의 우람하게 자란 모습을 보노라면 마치 대장군 기세 같은 풍도(風道)를 느낄 수 있어 마음속에 무언가 흐뭇한 믿음을 주는 것 같아 더욱 애정과 친숙함을 갖게 한다.

1937년 7월 28일 일본이 중국을 루거우차오(蘆溝橋) 사건을 구실로 침공한다. 일본군에 밀린 병사가 서쪽의 어느 산간지역에서 눈앞의 허공에 높이 선 나무 한 그루를 발견하고 의아해한다. 그 나무 아래는 오래된 작은 사당이 하나 있었고 당시로서는 사당 곁에 심어진 당산나무로 여겼다. 그 나무는 너무나 키가 큰 처음 보는 나무였다. 이로부터 2년이 지난 후 또 다른 새로운 발견이 있었다. 일본의 미키 시게루(三木茂) 박사가 일본 전역의 화석을 연구하던 중 지금까지 보지 못한 이상한 나뭇잎의 화석을 발견하게 된다. "음! 이 잎의 형태는 미국의 세쿼이아(Sequoia)라는 나뭇잎과 비슷하지만 잎의 잎맥에서 잎의 배열 형태가 좀 다르구만, 그래 분명히 다른 나무야." 미키 시게루는 무엇인가 새로운 학명을 붙여 이름을 짓고 싶었다. 뭐라고 지을까 고심하다 세쿼이아 다음에 발견한 나무이니 After 또는 Post라는 뜻의 라틴어 Meta를 앞에 붙여 메타세쿼이아(Meta Sequoia)라고 했다. 2년 뒤인 1941년에 이 나무를 학회에 발표를 했다. 지구상에서 멸종되어 화석으로만 남은 중생대 식물로 분류되었다.

이 시기에 중국에서도 역사에 남길 만한 중요한 발견이 있었다.

양자강 상류의 한 지류인 마타오치(磨刀溪) 강가에서 아주 높이 자란 나무 한 그루가 왕전(王戰)이란 산림공무원의 눈에 띄었다. 그 나무는 35미터나 되는 큰 나무였다. 이 나무는 작은 사당 곁에 자라고 있었다. 1937년 일본이 침공했을 때 중국의 어느 병사의 눈에 보였던 바로 그 나무였고 이 나무는 사당을 지키는 신수(神樹)였던 것이다. 왕전은 나무 이름도 알 수 없거니와 궁금증이 나서 나무의 가지와 잎을 채취하여 난징대학에 보냈다. 1944년 난징대학(南京大學)의 쳉 박사는 또한 처음 보는 나무여서 알 수가 없었다. 궁금해진 쳉 박사와 동료 박사들이 정밀조사를 벌여 밝힌 결과는 대단한 성과였다. 마타오치 강가에 이 의문의 나무 수천 그루가 자라고 있음을 확인할 수 있었다. 그 후 얼마 지나지 않아서 미키 시게루 박사가 화석에서 밝혀낸 메타세쿼이아 나무임을 알아냈다. 이들은 이 나무를 수삼목(水蔘木)이라 명명하고 1946년 중국지질학회에 화석이 아닌 살아있는 나무로 확정 보고하게 되었다. 이후 쳉 박사는 메타세쿼이아 표본을 세계에 배포하기 시작했다. 화석이 아닌 살아있는 식물로 전 세계에 보존하려는 취지에서였다. 1948년 들어서 미국 하버드대학의 아널드 수목원에도 이 메타세쿼이아가 보내졌다. 당시 수목원 원장이던 엘머 메릴(Elmer Meril) 박사는 살아있는 화석식물의 존재에 놀라움을 금치 못했다. 우리나라 토속종인 제주도 구상나무를 가져다 개량하는 등 아시아 식물 자원에 지대한 관심을 쏟던 수목원에서 중국으로 조사단을 파견해 메타세쿼이아의 자생지를 조사연구하게 된다. 그리고 2차 대전이 끝난 뒤 대대적인 이 나무 보급운동을 전 세계로 펼쳐나간다. 그 당시 도입된 나무가 아널드 수목원의 정문에 심겨져 있고 수목원의 로고로 사용될 정도이다.

우리나라에 심어진 이 나무는 중국이 아닌 미국에서 들여왔다. 세계적인 육종 학자이자 국립수목원의 '숲의 명예전당'에 헌액된 현신규 박사에 의해 1956년 들여와서 가로수로 제일 먼저 심어졌다. 그 가로수 길이 전남 담양에서 순창까지 약 8㎞의 시범 길이다. 약 4,700그루 심겨진 이 길의 가로수는 지금은 하늘을 찌를 듯이 우람하게 자랐다.

지금은 우리나라 어느 곳 할 것 없이 메타세쿼이아가 자라므로 이제는 아주 친숙해져 중국이나 미국에서 온 나무가 아닌 우리의 고유 품종으로 느껴진다. 경북 포항 지역에서 이 나무의 화석이 발견되었기에 더욱 애정이 가는 수종으로 느껴지며, 홍릉수목원에는 새로 개발한 황금 메타세쿼이아 품종도 자라고 있다.

한 가지 특징이라면 자라는 키에 비해 열매 맺은 씨앗은 너무나 작아 0.5센티에 불과하다. 하지만 이 작은 씨에서 발아된 나무는 무려 50미터까지 자라 그 당당하고 멋스러운 모습은 너무 매력적이다.

이곳 대전의 장태산 산림공원과 담양의 강변에 심어진 메타세쿼이아 길은 전국의 명소길이 되어 1년 내내 붐비는 관광지로 명성을 떨친다. 내일은 태화강변에 줄지어 우람하게 자란 수삼나무 길을 걸으며 다시 한 번 이 나무의 출현을 헤적여 보리란 생각을 가지며 청하문학 운영위원회 회원들과 함께 가벼운 걸음으로 귀갓길에 오른다.

(2017. 3)

골리수(骨利樹)액

절기가 입춘이다. 엄동이 물러서지도 않은 꽁꽁 언 땅이 차츰 느슨해진다. 양지바른 곳에서는 벌써 홍매가 피고 월사매도 피고 졌다. 강변의 버들은 봄기운을 눈치 챈 듯 잎순이 만삭이 되어간다. 옛 어른들은 봄은 여인의 모습에서 먼저 느낄 수 있다고 했다. '처녀의 치맛자락을 보면 봄소식을 알 수 있다'고 했다. 이렇듯 어김없이 자연의 섭리는 변함없이 겨울 가면 봄이 다가오기 마련이다.

아직은 단단해 보이는 송백류 바늘잎도 봄기운을 감지하며 옥신(Auixin)이란 전령물질이 아래로 보내 뿌리는 수분과 영양분을 빨아올려 가지 끝으로 보내기 시작하면 엽초(잎눈)가 송사리 알 밴 것 같이 통통해진다.

분재인들은 대개 봄, 가을에는 수형을 다듬고 분갈이를

하는 경우가 많다. 분재뿐만 아니고 정원의 정원수도 봄, 가을이 되면 옮겨 심거나 가지치기 등 나무를 전정하게 된다.

분재와 정원수를 다듬을 때 단풍나무 류는 가능하면 봄보다 가을에 다듬는 것이 좋다. 봄에 가지를 자르게 되면 겨울동안 뿌리에서 빨아올려 나무속에 비축하고 있던 수액이 대다수 빠져나오기 때문에 나무가 쇠약해진다. 그래서 가능하면 전정이나 옮겨심기를 가을에 하는 것이 좋다.

산단풍나무에 속하는 고로쇠 수액을 이른 봄에 채취하는 것도 추운 겨울에 비축한 물을 날씨가 풀리는 늦은 1월에 시작해 3월까지 이어진다. 나무의 피질에 1~3센티 깊이로 구멍을 뚫어 호스를 끼워 수액을 채취한다. 과하게 채취하다보면 치명적인 손상을 입게 된다.

고로쇠란 이름은 수액이 뼈에 이롭다는 한자어 골리수(骨利樹)에서 유래한 이름이다. 수액은 마그네슘과 자당 등 여러 종류의 미네랄이 다량 함유되어 있어 관절염, 이뇨, 변비, 위장병, 피부미용에 효험이 있는 웰빙 음료로 인기가 높다. 하지만 쉽게 상하므로 가능하면 빨리 마시는 것이 좋다. 이즈음에는 기계로 살균 처리하여 판매하는 것도 있으나 오래 지나면 효능이 떨어진다.

이렇듯 우리 선조들은 고로쇠나무를 비롯해 다래나무, 헛개나무, 자작나무, 대나무 등에서 수액을 채취해 마시는 풍속을 지속해 왔다. 수액을 이용해 뼈와 위장을 치료하기도 하고, 고급 가구의 도료로 이용하는 지혜를 발휘했다. 우리의 전통문화 깊숙이 스며들어 있는 고로쇠 수액을 채취하는 계절이다. 올해는 음력이 빨라서 입춘이 지나서 보름가량 지나면 우수이고, 우수 경칩에 대동강물이 풀리고, 땅속 개구리와 벌레도 꿈틀댄다.

이 시기에 경북지방에서는 '약물 마시기'란 지역 문화가 전해오고, 전북에서는 '거자수물 마시기', 전남에서는 '다래물 마시기'가 성행한다.

일반적으로 키 큰 나무일수록 증산(蒸散)이 왕성하여 수액 상승량도 많으나 수종에 따라, 날씨에 따라 차이가 있기도 하다.

선조들은 초봄이 되면 고로쇠 수액을 뽑아 오게 하여 물을 마시며 건강을 유지하기도 했다. 수액은 곤충이 먹을 중요 식량이기도 하다. 힘센 장수풍뎅이는 참나무 류의 수액을 먹고 산다. 나비와 말매미도 그렇다.

이 같이 모든 나무의 수액은 인간에게 유용하게 쓰여 왔다. 특히 소나무의 송신, 옻나무의 옻진, 황질나무의 황진 등은 칠기에 많이 쓰였지만, 약용으로도 쓰였다.

특히 고로쇠 수액을 많이 마시는 것은 몸에 병이 생기지 않으며 여름에 더위를 타지 않는다고 여겨왔다. 이즈음에 와서는 수액이 많이 나오고 단맛이 나서 기호 식품으로 키위나무와 포도나무 수액을 채취해 건강음료로 이용하기도 한다.

고로쇠 수액의 주 성문은 포도당, 미네랄과 효소 성분으로 관절염, 신경통, 요통, 중풍 예방에 효과가 있다고 한다. 한방에서는 풍당(楓糖)이라 하여 위장병, 폐병, 신경통, 관절염 환자에게 약수같이 마시게 한다.

고로쇠나무는 지역에 따라 불리는 이름이 다르다. 고로실나무, 노각풍, 수색수, 색목 등으로 불린다. 또한 우리나라 중부 이북과 중국에 분포하는 만주 고로쇠, 중부 이남과 중국에 분포하는 털 고로쇠, 경기, 경상, 전라, 제주 등지에 분포하는 단풍나무, 중부 이북과 만주 지역에 분포하는 당단풍, 울릉도의 가지에 털이 없고 열매가 대형인 우산 고로쇠 등이 있다. 같은 종이라 해도 형태적 변이가 심해 학자들의 일치된 견해가 없다. 국립수목원은 고로쇠나무 유사 종으로 긴 고로쇠나무, 집게 고로쇠, 붉은 고로쇠, 털 고로쇠, 산 고로쇠, 왕 고로쇠로 분리하며 잎의 형태가 조금씩 다르다.

수액은 수령 50년생 정도에서 받는 게 좋고 높은 산에서 받는 것이 당도가 좋다. 고로쇠 물 축제는 경기 양평, 경남 양산 배내골, 경북 포항 죽장, 진안 운장산, 남원 지리산 뱀사골 등에서 해마다 열린다. 하루만 지나도 맛이 변하므로 잘 보관해야 그 맛을 유지할 수가 있다.

언젠가 캐나다에 갔을 때 보았던 생각이 났다. 캐나다 국기가 단풍이고, 캐나다 전역에는 단풍나무가 우리나라 소나무처럼 분포해 있다. 그래서 단풍나무 수액으로 만든 잼이 유명해서 기념품으로 여럿 사와서 지인들에게 선물한 적이 있다.

이제 따뜻한 남녘 제주도, 전라도에서부터 고로쇠 수액 채취가 시작되었다. 무엇이든 과하면 반드시 해가 따른다. 한 그루에 1년에 1회만 채취해야 한다. 인간에게 좋은 수액을 다 빼앗겨 버리면 나무는 죽기 마련이다. 나무의 건강을 위해서라도 지난해 두 말 마신 것을 올해는 한 말만 마셔야겠다.

(2017. 4)

죽순과 대나무

우리가 자라났던 시골집들은 대다수 배산임해의 남쪽을 향해 있었다. 산이나 언덕 아래 집을 짓고 뒤란은 대나무를 심고 울타리를 삼았다. 뿐만이 아니고 겨울 한풍이나 여름 태풍을 막는 방풍림 역할도 했다.

대나무는 생활에도 유용하게 쓰여서 귀한 대접을 받았다. 생활도구의 대부분이 대나무로 만들어져서 우리 생활에 대나무가 없으면 큰 불편을 겪었다. 밥그릇이며, 채반을 비롯한 바구니 할 것 없이 모두가 대나무로 만든 제품들이었다. 또한 짐을 나르고 아기를 잠재우는 흔들침대, 의자, 퉁소, 대금, 죽창, 죽비도 만들었다. 지게의 바지게며, 광주리, 아기를 재우는 질구덕(바구니), 소쿠리, 대발, 대싸리 문, 깃발을 매다는 장대며 어느 것 하나 쓰이지 않는 게 없었다. 심지어 고기를 잡는 통발까지도 대나무로 만들었다.

그렇게 유용하게 쓰이던 죽제품이 어느 날 갑자기 뒤 안으로 사라졌다. 그 주범은 플라스틱 화학제품 때문이었다. 편리하고, 손쉽고, 값 싸게 만들어진 대용품은 날개 돋친 듯 팔렸고 어느 사이에 죽제품 자리를 버젓이 차지했다. 그토록 아이들과 노인층에서 사랑받던 죽마(竹馬)와 죽부인도 사라졌다.

예부터 전통의 맥을 이어오던 대나무 공예품도 뒤 안으로 밀려나고 지금은 겨우 대나무 젓가락, 밥주걱, 이쑤시개 등 몇 가지로 한정 되어 쓰인다. 하지만 수천 년 동안 대나무를 사용해온 중국이나 동남아지역에서는 아직도 생활의 절대적인 재료로 쓰고 있다. 그 첫째가 대나무로 짓는 가옥이다. 비가 많이 오는 탓으로 습하고 무더운 곳이어서 대나무로 지은 집이 최고의 주택이다. 그래서 아직도 동남아와 중국 시골에서는 대나무를 이용한 여러 가지를 만들고 있다.

대나무는 찬 성질을 지니고 있어서 옛 어른들은 등받이며 토시를 만들어서 모시옷이나 삼베옷 속에 많이 이용했다. 잠을 잘 때도 돗자리를 깔고 죽부인을 껴안고 잠자는 것은 차가운 냉기가 있어 한결 너위를 쫓아주는 냉각 역할을 한다. 이렇게 귀한 대접을 받던 대나무가 요즈음 천대를 받는다. 베어지고 잘려져서 쓸모없이 버려지고 있으니 아까운 생각이 나서 이따금 얻어 쓰기도 한다.

대나무는 다른 나무에 비해 1년이면 다 자란다. 10일이면 키가 다 커버리고 부름켜(속)는 단단해져서 1년이 지나면 햇대에서 묵은 대로 변한다.

대나무는 죽순에서 시작되는데 이 죽순(竹筍)이란 글자는 대 '죽' 자(字)와 대나무 싹을 뜻하는 '순' 자가 합쳐진 이름이다. '순' 자에는 열흘을 뜻하는 '순(筍)'이 들어 있다. 그래서 음력을 한 달 날짜를 열흘 씩 묶어서 1일에서 10까지는 초순, 11일부터 20일까지는 중순, 21일부터 30일까지는 하순이라고 한다. 죽순이 땅 위로 머리를 내밀고 솟아오르고 열흘이면 대나무 키가 다 자란다. 그래서 '열흘 순' 자를 넣어서 '죽순(竹筍)'이란 이름이 만들어졌다.

죽순은 식생활에도 애용되었다. 밥에 넣어서도 먹고 채썰어 나물로도 먹었다. 탕에 넣어 끓여 먹고, 꿀과 설탕에 졸여 정과를 만들어서도 먹었다.

이렇게 죽순에서 짧은 시간에 자란 대나무는 신령스러움을 지니고 있기도 하다. 중국 고사에는 상스러움을 상징하는 봉황이 하늘에서 대나무 씨앗을 물고 땅으로 내려왔다는 전설이 전해진다. 그래선지 평생 동안 한 번 피는 대나무꽃을 따먹고 산다. 대나무꽃은 죽기 전에 피었다가 일생을 마치는 신비로운 식물이다. 사계절 푸른 잎을 자랑하며 생명력이 넘쳐보이므로 그 절개가 꿋꿋하다 하여 사군자로 칭송을 받기도 한다.

하루에도 1미터 이상으로 자라는 죽순은 짧은 시간에 다 자라서 굵어진 마디만 단단해진다. 부름켜가 없는 대나무는 한 뿌리로 연이어져 있어서 죽을 때는 한꺼번에 죽고 만다.

곧고 반듯하게 자라는 대나무. 이 대나무는 지금은 쓸모없이 잘리어 버려지고 있지만 정월대보름 달집살이에는 최적의 재료로 쓰인다. 이렇게 유용하게 쓰이는 대나무이기에 폭죽의 글 뜻도 대나무에서 유래되었다.

예부터 정초에 대문 밖에서 대나무를 태워서 귀신을 쫓았다. 대나무가 불이 탈 때 탁탁 소리 내며 터지는 요란스러운 소리에 귀신이 놀라 도망을 쳤다는 전설이 전해온다. 그 때문인지 정초에 아이들이 폭죽놀이를 하는 것도 그런 유래에서 찾아볼 수 있다.

지금 전국 어느 지방에서든 천대받는 대나무를 잘 이용해서 다시 대나무가 없으면 안 되었던 그 시절의 명성을 되찾아서 활용도를 높이면 어떨까? (2015. 6)

숲에서 하루를

숲은 항상 그 자리를 지키며 넉넉한 품으로 찾아오는 사람을 맞아준다.

사계절 어느 때 찾아와도 사람들처럼 변덕스럽게 교태를 부리거나 수다를 떨지 않고 그저 묵묵하게 맞아준다. 이런 변하지 않는 모습이 더욱 숲을 찾아가게 한다.

비바람 사납게 몰아쳐도 불평하지 않는 숲, 가뭄이 지속되거나 폭염이 내리쬐어도 뿌리 내리고 사는 삶의 터전을 지키고 있는 숲이 좋다. 숲은 우듬지를 만들어 더위를 피해 사람들이 휴식하게 하고, 새들의 보금자리를 만들어 주는 고마운 대상이다. 때로는 산짐승들의 먹이도 제공해 준다. 온갖 열매를 계절 따라 내어주므로 숲은 삶의 터전이 되기도 한다. 또한 산길을 오가는 나무꾼이나 먼 장을 왕래하는 등짐장사들의 이정표가 되기도 하는 숲, 숲은 인간에게 은혜로운 존재이다.

숲이 울창하면 골짜기에 흐르는 개울물도 맑고 시원하며, 물 흐름도 좋아 숲도 푸르러 싱그럽다. 이런 숲은 건강하고, 모든 생명체가 공존하는 터전이 되기도 한다. 뿐이랴, 숲은 싫증나지 않는 이야기를 들려준다. 또한 숲에서는 진종일 들어도 지치지 않는 노래를 들을 수 있다. 숲속에는 인생을 일깨워주는 철학이 있다. 사계절 변화무쌍한 생명의 변화, 생성과 소멸의 법칙, 자연에 순응하는 섭리를 일깨워준다. 그렇기에 숲은 인생 삶의 스승이다. 숲은 인내와 양보와 침묵의 미덕을 가르쳐 주는 스승이기도 하다.

특히나 봄 숲은 온갖 새싹이 돋아나고 앙증맞은 영춘화들이 피어서 마치 봄 소풍을 나온 유치원 아이들이 모인 것 같이 다정스럽다. 여름 숲은 짙은 녹음으로 인심을 베푸는 사람같이 넉넉함을 느끼게 되고, 가을 숲은 예쁜 꽃단장을 한 소녀같이 유혹의 미소를 선보이는 것 같아 사뭇 마음이 산란해지고, 겨울 숲은 쌀쌀맞은 여인네 같이 모질게 눈총을 주는 것 같아도 숲의 본성은 그렇지 않다. 본성의 순수함은 변함이 없나.

이 때문에 애산가가 아니어도 숲이 있는 산을 찾게 되고, 숲과 교감하려는 사람들이 차츰 늘어나고 있다. 도시생활의 찌든 분진을 털어내어 주는 숲과 친숙하기 위해 일상의 벗이 되고자 한다.

'정은 나누기에 따라 그 그릇의 양과 크기도 다르다고 했던가?'

숲과 친구가 되고자 한다면 인간들도 숲을 사랑하고 아끼고 보호하는 마음이 앞서야 할 것이다.

오늘도 아침부터 숲과 함께한 하루가 즐겁고 행복했다. 숲을 떠나려는 순간 나도 모르게 반세기도 더 지난, 고등학교를 막 입학해서 첫 임학 시간에 들어온 정영호(별명: 탁배기) 선생님이 흑판에 큰 글씨로 '鬱鬱蒼蒼 鄕土建設'이라 한자로 쓰고는 그 뜻과 한자의 의미까지 가르쳐 주셨다. 빽빽할 울, 푸를 창, '울창한 숲을 가꾸어서 내 고장을 빛내고 부유한 산림국가로 만들자'는 깊은 뜻이 담겨 있었다. 이어서, '옛날 명임금(이름난 왕)은 치산치수(治山治水)를 잘해야 나라를 잘 다스린다고 칭송을 받았다.'고도 덧붙였다. 그때 새겨들은 선생님의 가르침이 희수가 되도록 잊혀지지 않고 영원한 마음의 텃밭에 남아 있다. 생각할수록 이 또한 행복한 추억이 아닐 수 없다. 홀가분하고 상쾌한 기분으로 숲을 빠져나와 올랐던 길을 내려선다. 걷는 발길에 탁주 잘 마시고 호걸스럽게 웃으시던 정탁배기 선생님이 더욱 그립기만 하다. 그때 그렇게 열정적으로 가르치고 애쓰신 덕분으로 우리의 산림은 이제 세계 어느 나라에 견주어도 부끄럽지 않을 만큼 푸르르다. 헐벗은 황무지를 혼자 힘으로 일구어 울창한 산림부국으로 만든 덴마크의 달가스 구론비트 못지 않은 혜안을 가지셨던 스승님들의 가르침으로 전 국토는 50년 만에 산림부국으로 변했다. 이보다 임학도로서의 보람이 어디에 있으랴.

올 4월 5일 식목일에도 내일을 위해 어린 나무 한 그루를 더 심으며 하늘을 쳐다보았다.

(2008. 4)

나무들의 합창

나무는 일생 동안 제자리를 지키며 가만히 서 있다. 씨앗이 떨어져 뿌리내린 그 땅을 떠나지 않는다. 나무는 자라는 동안 치열하게 경쟁하며 산다. 봄부터 가을까지 잎 틔워 꽃 피고 열매 맺어 단풍 들기까지 어느 누구도 따르지 못할 만큼 군자처럼 정직하게 산다.

봄부터 가만히 나무를 보고 있노라면 나무의 삶이 얼마나 경쟁적이며 열정적인지를 알 수 있다. 등걸에 귀를 붙이면 뿌리에서부터 부지런히 수분과 영양소를 빨아들여 수맥을 통해 나무 위로 보내는 소리를 아련하게 느낄 수 있다. 봄이면 하루가 다르게 메말랐던 가지 끝에 푸른빛이 비치다 연연히 돋아난 잎은 손톱만큼의 크기에서 십여 일 사이에 손바닥만큼 자란다.

가녀린 가지 끝에도 빠뜨리지 않고 수분과 영양소를 보내어서 매일같이 잎이 자라게 하는 나무의 자태는 아기를 안고 젖 물린 어미의 모습과 다르지 않음을 깨닫게 된다. 나무는 저마다 가지를 뻗고 잎을 피워 성장을 거듭한다. 햇볕이 뜨거워진 여름이면 잎의 싱그러움으로 우듬지를 만들고 그늘에 사람들을 쉬게 하지만 실은 그 녹음이 사람을 쉬게 하기 위한 나무의 배려가 아니다. 알고 보면 나무 그늘은 나무가 봄부터 끊임없이 생존경쟁을 위해 한 활동이 궁극에 이르러 나뭇잎이 무성해져서 그늘을 만들게 되는 것이다.

이러한 나무의 활동은 사람에게도 삶에 대한 반성을 시사해 준다. 열정적으로 삶을 꾸리지 못하면 나무 그늘을 만들어 주는 녹음을 이루지 못하듯이 이웃을 돕거나 남을 위하는 일마저 하지 못할 것이다.

나무가 활기차게 성장해 가는 모습을 가만히 지켜보고 있노라면 새로운 삶의 활력을 되찾는 느낌을 받게 된다. 나무들은 이웃해 피어난 들꽃들에게도 피안의 안식을 얻게 하고, 때로는 태풍을 막아주기도 하고, 뜨거운 태양을 가려주기도 한다.

하루하루를 살아가는 우리들의 삶은 고통스럽고 시루하

게 생각되기도 하지만 나무를 바라보면서 고요로운 묵상을 배우게 된다.

나무는 생명력이 매우 끈질겨서 여간한 비바람에도 쓰러지지 않는다. 설령 넘어졌다 해도 다시 일어서려는 강인한 의지력이 있어 인간에게 큰 가르침을 주기도 한다. 한평생을 한순간처럼 살아가는 나무의 섭리를 체험하면서 나무에서 새로운 삶의 지표와 깨달음을 얻게 된다.

사람이 사계절 철 따라 옷을 바꿔 입듯이 나무의 생태 또한 비슷하다. 봄에 두꺼운 옷을 벗고 가벼운 옷을 입듯 나무는 곱게 단풍 든 낙엽을 지운다. 겨울에는 나목이 된 등걸과 가지로 한풍 앞에 선 채 시린 뿌리를 잎 진 낙엽을 이불 삼아 추위를 견디며 동면 속에서 다음해 살이 준비를 한다. 모질고 긴 인고의 시간 속에서도 전혀 불평하지 않고 자연의 섭리를 따르며 질서를 지킨다.

나무들의 질서는 정연하다. 어느 것 하나 남의 땅, 다른 나무의 빈 공간을 차지하지 않고 저마다 뻗은 가지와 몸을 바로 세우고 일생을 살아간다. 아무리 무덥고, 메마르고 강풍이 불어도 태어난 모향, 땅을 지킬 뿐 떠나지 않는 게 나무의 생태며 일생이다. 그래서 나무의 생명, 아니 식물의 생명력은 사람의 생명력보다 끈질기다.

난의 홀씨가 바람에 날아가 어느 한 곳에 떨어졌을 때 그곳에서 기후, 습도, 토양이 맞지 않으면 수십 년, 수백 년이 지나도 새싹이 돋지 않는다. 어느 때 우연스럽게 뿌리 내릴 시기가 오면, 그때 터를 잡고 일생을 살기 시작한다. 2천 년 동안 무덤 속에 있던 씨앗을 화분에 심어 싹을 틔웠다는 일본 식물학자의 말은 이런 식물 생명력의 위대함을 다시 한 번 일깨워주고 있다.

사람의 삶이 나무를 닮았으면 어떨까? 지금 살고 있는 이곳의 삶에 최선을 다한다면 사는 것이 한결 가벼워지지 않을까 싶다. 우리의 삶이 무거운 것은 이곳을 벗어나 보다 나은 곳으로 생각이 가 있기 때문이며, 허상을 버리지 못하고 있기 때문이 아닐는지?

깊이 생각해 보면 지난 시간의 삶은 회한만 남고 미래에 대한 동경은 두려움만 가슴을 짓누르는 삶이 아니었던가? 그래서 한 자리를 지키고 사는 나무를 바라보고 있노라면 나무에서 삶의 의지와 기쁨을 얻게도 한다.

나무 한 그루 한 그루가 제각기 다른 존재이듯 나무를 바라볼 수 있는 사람만이 나무를 알 수 있다. 나무는 인고의 시간을 표현하지 않고 아파도 소리 내지 않는다. 나무 한 그루 한 그루가 제각기 다른 존재이듯 우리 인간도

나무들처럼 넉넉하고 질서를 유지하며 더불어 산다면 그것이 최상의 삶이 아니겠는가?

나무들은 제자리를 지키며 바람이 불면 일제히 합창을 시작한다. 모두가 질서를 지키고 거리를 유지해 살며 행복하다고.

2

월견초 필 때면

새롭게 꽃피는 백제문화

지난 6월이던가? 조선일보의 문화면에 글 쓰는 정민이 책을 냈다는 기사를 읽었다. 한달음에 책방으로 달려가 「강진 백운동 별서정원」이란 책을 샀다. 책방에서 서문부터 읽었다. 자신도 모르게 흡족한 미소가 입가에 흘렀다. 13대째 대를 이어온 자손이 살며 별서(別墅)정원을 잘 보존하고 있다는 대목 때문에 마음속으로 박수를 보냈다. 더구나 백운동의 풍광을 다산이 쓰고 애제자인 초의가 그린 「백운첩」을 비롯해 많은 문집들이 남아 있다고 했다. 특히 「백운세수첩」, 「견한록」 등 입사의 시조인 이담로의 친필 자료와 명류들의 제영시가 남아 있었다고도 했다. 잡초 우거진 이곳을 강진군에서는 백운동 별서정원의 복원 사업과 관광개발을 위한 자문회의까지 마쳤다고도 했다.

2014년 회의에 참석한 정민은 역사적 가치를 깊이 있게 설명했다. 개발 계획을 철회하고 보존해 줄 것을 간곡히 당부했다. 아홉 굽이로 마당을 안고 흐르는 유상곡수(流觴曲水)는 경주 포석정과 서울 비원을 제외한 이곳뿐이라고 역설했다.

'출간 직전(2014년 3월 무렵) 강진군에서 큰 예산을 들여 이곳을 원형 그대로 복원해 호남 원림의 상징 공간으로 소성해 나갈 기라는 소식을 전해왔다. 강진원 강진군수의 용단에 깊은 경의를 표한다.'고 서문에 명기했다.

2015년 7월 9일자 조선일보 오피니언 란(A32면)에 정민이 쓴 글은 사뭇 충격에 가깝다. 별서정원 위아래 계곡이 깡그리 사라지고 있다는 내용이다. 13대(1400여 년)에 이르도록 가꾸고 지켜온 보석 같은 정원이 훼손되고 있다는 내용이다. 철석같이 약속한 말은 3개월도 지키지 못하고 마구잡이로 파헤쳐졌다. 수백 년 계곡을 지켜온 바위들은 뜯겨 축대로 쌓았다. 울창한 동백 숲과 대숲은 2차선 도로가 났다고 한다. 정말 안타까운 일이 아닐 수 없다. '없는 것도 새로 만드는 판에 있는 것을 지켜 보존하지 못한 대서야 말이 되느냐'고 통탄했다. 생각할수록 안타까운 노릇이다.

호남은 백운동 별서정원인 이곳을 비롯해 이름난 정원이 많은 곳이다. 백운동 별서는 월출산 옥판봉 남쪽 자락에 자리 잡은 정원으로 담양의 소쇄원(瀟灑園)과 명옥헌(鳴玉軒), 강진의 다산초당, 해남의 일지암(一支庵)은 전통원림의 원형이 그대로 남아있어서 문화적인 가치가 매우 크다.

이곳 네 곳 이외의 많은 정자들도 가사문학과 시가 문학을 꽃피우는 정자촌들이다. 손꼽자면 면앙정, 송강정, 환벽당, 취가정, 식영정 등은 선비들이 자연을 벗 삼아 시문을 짓고 학문을 논하던 곳으로 정신문화의 산실이다. 또한 아름다운 경치를 아우르고 있어 더욱 청량감을 더해 준다. 이와 같은 곳들이 잘 보존됨으로써 유네스코 세계문화유산에 등재되어 한민족의 전통과 얼을 지켜갈 수 있게 될 것이다. 며칠 전 기쁜 소식 한 가지를 접했다. 그동안 흙속에 묻히고 기억 속에 잊혔던 백제의 유적지가 다시 세상에 얼굴을 내놓았다고 했다. 이보다 기쁜 일이 어디 또 있을까 싶다. 향토사를 연구하고 우리의 역사에 지대한 관심을 가졌기 때문이다. 그래서 40여 년 동안 살고 있는 지역은 물론이고 인근 지역과 전국 어느 곳이든 마다 않고 유적지라면 찾아다닌다.

백제의 수도였던 공주와 부여를 비롯한 익산, 부소산성

등 여덟 곳을 아울러서 유네스코에 우리나라의 열두 번째로 '백제문화유적지'가 등재되었다. 천사백여 년 동안 잠들고 버림받던 유적들이 이제 새롭게 금빛 날개를 활짝 펴게 되었다. 백제의 찬란했던 문화유산은 한국의 문화유산이고, 전 세계인들의 문화유산으로 조명 받을 것이므로 더욱 가슴이 설렌다.

이번에 일본의 군함도 유네스코 문화유산등재에 두 얼굴을 가진 일본인들의 비겁함 이면에는 우리의 백제문화 원류가 깊이 스며있다. 612년 정원장인 노자공(路子工)은 백제인이다. 또한 602년 백제 승려 관륵(觀勒)이 역사, 천문, 지리, 방술의 책들을 전수했다는 기록이 일본서기에 명시되어 있다. 이뿐이던가? 석공, 도공들은 일본에 건너가서 돌을 다듬고 흙을 빚어 아름다운 예술품을 만들어서 문화를 꽃피웠다. 또한 왕인은 우매한 왜인을 일깨운 선지자이며, 선덕태자는 왜의 은인이었다.

오늘날 일본의 번영과 문화유적의 빛나는 유산은 모두 한반도에서 전수해준 원천이기도 하다.

이런 백제의 뛰어난 문화대국이 의자왕 때 나당 연합군에 의해 패망한 뒤 천년 세월 속에 잠들어 있었다.

한 나라의 역사는 하루아침에 이루어지지 않는다. 수많

은 시간과 시련과 수난을 겪으면서 이루어진다. 백제의 찬란했던 문화도 고구려, 신라보다는 한발 앞서 바다를 통한 중국과의 교역이 있었기 때문이다. 일본이 백제를 비롯한 신라, 고구려의 선진문화를 받아들여 근대국가로 발돋움했듯, 백제도 중국의 남쪽과 요하까지 진출하여 가장 먼저 앞선 문화를 받아들여 꽃을 피웠다. 그래선지 건축술, 조각술, 천문, 역학, 농업에 이르기까지 정점에 이르렀다.

김병길은 반구대 칼럼에서 아사다 지로(淺田次郎)의 소설 한 문장을 인용하고 있다.

> 사람은 사십 년을 살아야 그럴듯한 얼굴을 가질 수 있지만 정원은 백년이 지나야 겨우 제 모습을 드러낸다.

아주 절묘하게 표현한 말이다. 분재 조경업을 전문으로 하는 필자로선 더욱 이 말에 공감한다. 정원의 소나무 한 그루가 제 모습을 갖추려면 수백 년이 걸리기 때문이다. 이끼 낀 돌 하나, 풀 한 포기마저 짧은 시간에 이뤄지지 않는다.

그러므로 이번 유네스코에 오른 백제문화유적은 더욱 값진 것으로 긍지를 느끼며 자랑스럽기만 하다.

지금도 한창 진행 중인 '백운동 별서정원'의 난개발을 멈추고 조상들의 정신문화가 깃든 값진 서원, 정원, 별장들을 아울러 열세 번째 세계 유네스코 문화산에 등재되기를 기대한다.

(2015. 7)

간송(澗松) 같은 인물

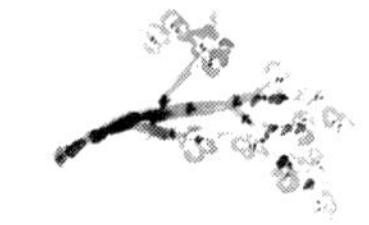

영국으로 반출하려던 최상의 고려청자 22점이 출발 이전에 극적으로 간송(澗松)-전형필 품에 안겨 일본에서 한국으로 돌아왔다.

당시 22만원(1937년)의 엄청난 거액을 단 두 번의 협상 끝에 영국출신 국제변호사 개스비에게 지불하고 비행기를 전세 내어 신주 모시듯 직접 운반해 보화각 개인 박물관으로 옮겨 놓았다.

전형필은 청자를 박물관에 내려놓고 회심의 미소를 지으며, 긴 한숨을 내쉬었다. 자칫했으면 영원히 돌아올 수 없는 대영박물관으로 흘러갔을 고려의 최고 명품 청자를 천만다행하게 붙잡은 안도의 한숨이었다.

간송은 부유한 가정에서 태어나 휘문고보를 거쳐 일본

와세다대학을 졸업하고 귀국한 한국의 유망한 청년이었다. 어느 날 우연찮게 조선의 문물을 접하면서 우리 것을 지켜야 한다는 사명감을 갖게 된다. 이 생각에 깊은 영향을 끼친 사람은 위창(葦滄) 오세창(吳世昌:1864~1953)이다. 오세창은 역관이던 오경석(吳慶錫:1831~1879)의 아들이며, 오경석은 추사 김정희의 제자이다. 이런 명문가와 인연을 맺으며 간송은 젊은 시절부터 위창의 조언을 받으며 일찍이 우리 문화유물을 지키는데 앞장서게 된다.

간송은 서울의 고미술, 골동품 수집가인 신보란 사람으로부터 명품 고려청자 수십 점이 어쩌면 일본 땅에서 다른 나라로 팔려 갈지도 모른다는 정보를 듣고 즉시 그 사람을 앞세워 소장가인 개스비를 만나게 해달라고 했다. 신보와 둘은 머뭇거림 없이 비행기를 타고 동경에 도착해 일본 최고의 골동상 미야카와를 앞세워 개스비 저택을 방문했다. 원체 큰 거래 액수여서 흥정도 녹록치 않았다.

첫 번째 거래는 무산되고 두 번째 두 사람은 한국에서 다시 만나 협상한 끝에 서로 적절한 금액이 낙찰되었다.

간송은 조부 때부터 모은 재산인 논(서울 근교와 이천)을 헐값에 팔아 현금을 만들었다. 거액을 급히 만들려니 제값을 다 받을 수가 없었다. 당시의 시가로 서울 기와집

400채 값이니 현 시세로 80억쯤 되었다. 개스비가 가지고 있던 22점 중 2점만 빼고 모두 인수했다. 작은 것 두 점은 그가 심혈을 다해 고려청자의 비색에 반해 한 점 두 점 수십 년간 모은 것이니 한 점도 남김없이 내어주기란 너무 아쉬우니 비교적 명품이 아닌 것으로 달라고 했다.

그런 우여곡절 끝에 돌아온 고려청자는 우리나라 국립박물관에도 없는 국보급이 여러 점이고, 보물로 지정된 것도 여러 점이고 우리 국민들로서는 고려청자의 위대함을 자랑할 수 있는 명분을 가졌으니 간송의 혜안에 감탄하지 않을 수 없다.

지금 울산에 간송 같은 사람이 있었다면 두말 할 것 없이 '도산성 전투도'는 거래 액수를 떠나 붙잡았을 것이다. 간송은 자기가 필요하다고 생각했을 때, 또는 골동품상(주위 제보자, 권유자)들이 소장가치가 있는 물건이 있다고 하면 즉시 달려가 가격을 흥정하지 않고 인수하는 사람이다. 이번 울산박물관에서 전시한 '도산성 전투도'가 간송 같은 사람의 눈에 띄었더라면 돈의 액수(25억)보다는 전투도의 소장가치를 더 높이 평가했을 것이다.

'도산성 전투도'는 그냥 임진왜란이니, 정유재란이니 하는 말하기 쉽게 난(亂)으로 얘기하고 평가할 일이 아니다.

임진왜란과 정유재란은 동아시아 대전이었다. 426년 전 태화강 하류 작은 봉우리(도산성) 하나를 사이에 두고 십만 대군이 밀고 당기는 피의 전장이었다. 조선군 1만 2천 5백 명, 명군 4만 수천 명, 왜군 1만 6천 4백 명 도합 6만 8천 9백여 명, 정예군 7만이지만 여기다 후속 의병들까지 합치면 10만 대군이 좁은 지역에서 죽고 죽이는 싸움을 거듭해 각 군의 피해는 막중했다. 1, 2차 전투에서 모두 사상자가 속출했고 전사자 2만 7천 명, 부상자 9천 명, 포로 1천 명이 발생했다.

이러다가 전멸할 것을 두려워하여 견디다 못한 적장 가토 기요마사는 탈출하던 하루 전날 밤 그의 애마를 목 잘라 한 동이 피를 받아 부장들과 나눠 마신 뒤 성을 불태워 조선군과 명군의 눈을 속이고 염포만으로 도주해 현해탄을 넘었다. 그때 끌려간 울산인들의 수가 수만에 이르렀고, 구마모토에 정착해 살며 고향을 기려 망향의 거리 '울산마찌'를 만들었다.

이 얼마나 한이 서린 전쟁이던가? 동서고금에는 수많은 전쟁이 있었고, 인류의 역사를 바꿔놓은 일이 한두 번이 아니었다. 우리와 형제국인 터키는 천년의 찬란한 고도이던 비잔틴의 난공불락 이스탄불도 오스만제국에 1453년에 멸망했고, 천오백 년 번영의 길을 걷던 로마도 쇄락의 길을 걸으며 초원의 사자 징키스칸에게 멸망한 역사는 승자만의 기록이다.

이제 울산 시민에게 필요한 것은 지난 과거에 대한 '역사의 되새김'이다. 승자든 패자든 그토록 태화강, 동천강 하류를 붉게 물들이던 '도산성 전투도'를 사느니, 마느니, 예산 삭감이니 운운은 울산시민의 한 사람으로 얼굴이 화끈거린다. 울산박물관을 대표할 만한 수장품이 아닌 지난 피맺힌 전쟁의 현장을 누가 그렸음을 논하지 말고 이 기회에 꼭 구입하기를 바라는 심정이다.

차제에는 명나라가 그린 '정왜기공도병(柾倭紀功圖胼)', 조선이 그린 '평양성 탈환도', 일본이 그린 '도산성전투도(島山成戰鬪圖)'가 나란히 전시되어 지울 수 없는 치욕을 되새기는 역사의 현장을 후세들은 결코 잊어서는 안될 것으로 교훈을 삼을 만한 가치가 있는 것들이다.

'기회는 거북이처럼 왔다가 토끼처럼 내뺀다.'는 선친의 말씀을 되새기며 '왜 울산에는 간송 같은 인물이 없는가?' 하고 스스로에게 자문해 본다.

(2013. 12)

낙동강 3루(樓)

낙동강 하구 구포에서 강물을 따라 오르다 상주에 이르면 낙동나루를 만나게 된다.

낙동나루는 상주시 낙동면과 의성군의 단밀면을 연결해 주던 곳으로 1천 3백리 강물따라 이루어진 숱한 나루 가운데 한 곳이다. 지난날 조선시대에는 최대의 상권이 형성되었던 곳이다.

북한의 원산과 충남의 강경, 경북의 포항과 더불어 수산물이 많이 나던 4대 포구(나루)였다. 부산에서 수산물과 곡물을 싣고 낙동나루까지가 7백리 길이어서 여기서 '낙동강 7백리'란 말이 생겨났다.

이 시절 소금배와 해산물 상선, 세곡선, 나룻배들이 줄이어 포구를 메웠고, 선원과 상인, 관원, 나그네들이 주막과 객주집을 찾아들어 호황을 누렸다. 그런 탓이었을까? 상주와 단밀면에는 동성마을이 없고, 외지에서 들어온 각성바지들로 구성되었다. 그런 탓으로 지역민들과 어우러져 살면서도 외향성이 짙은 기질을 가지고 있다. 그래서 이곳 사람들은 '낙동 사람들은 호탕하고, 노래 한 곡 못 부르는 사람이 없다'고 할 만큼 활달한 성격이다.

낙동나루는 낙동강의 희로애락을 강심 깊이 품고 있다. '낙동'이란 이름은 근세에 와서 불리어졌고, 과거에는 '황산강', '황산하'로 불렀는데 상주의 옛 고을 이름인 낙양(洛陽)의 동쪽을 흐른다고 해서 낙동이라 바뀌었다. 또한 가락국의 동쪽이란 뜻이 내포되어 있기도 하다.

이곳 낙동나루에서 그리 멀지 않은 곳에 낙동강을 바라보며 정취를 즐기는 곳으로 관수루(觀水樓)란 정자가 있다. 낙동강 북쪽의 단애를 이룬 언덕 위에 높이 섰는데, 밀양 영남루(嶺南樓), 안동 영호루와 더불어 낙동강 3대 명루로 꼽는다.

영남 3루라면 진주 촉석루, 울산 태화루, 밀양 영남루를 말하는 사람도 있으나 때로는 태화루가 빠진 영남 3루 영호루를 꼽을 때도 있다. 하지만 많은 사학자들은 영남 4루를 말하기도 한다.

낙동강의 명루에 속하는 관수루는 고려 중엽에 세워졌으나 여러 차례 중건을 해 오다가 1843년(고종 11년)의 큰 홍수로 강물에 유실된 것을 1990년에 와서 현 위치에 중창되었다. 옛 건물자리는 낙정 정류소와 낙단교 중간지점에 있었다.

이곳 누대에 오르면 기러기떼 훨훨 날으듯 풍류를 자랑하며 멋스럽게 자란 소나무가지 사이로 강안의 저물녘 풍광을 더욱 멋지게 수채화에 담았다. 누각의 기둥마다 걸출한 문인들이 남기고 간 명시들이 행인의 발길을 붙잡고 놓질 않는다. 이규보, 주세봉, 안축, 김종직, 유호인, 김일손, 권오복, 이황, 권상일, 허전 등 기라성 같은 그 시대 문인들의 이름만 읊어도 마음이 즐거워진다.

고려와 조선 시대를 풍미했던 이들은 이곳 관수루에서 낙강시제(落江時祭)를 열며 삶의 회락을 취하고 쇠락해가는 노년의 인생무상을 시창으로 달랬다. 이곳에서 열었던 시제는 상주의 낙동강 일원의 퇴강, 경천대, 관수루 일대의 40여리에 속했던 전통시회였다.

고려 1196년(명종 26년) 백은 이규보가 시작해 조선 1862년(철종 13년) 계당 류주목에 이르는 666년간 이어졌다. 상주를 중심으로 도남서원, 경천대, 선상, 누정 같은 곳에서

51회에 걸쳐 시회가 이루어졌으니 옛 선비들의 정신세계를 본받을 귀중한 문화유산이기도 하다.

이런 귀중한 전통문풍을 계승하기 위해 지난 2002년부터 상주시가지 도남동 도남서원에서 해마다 시회를 열고 있다. 앞서간 문인들의 풍류와 멋을 흉내 내며 시를 사랑하는 시민들의 정서함양에 일조를 하고 있다. 관수루의 편액에 담긴 밀양 출신 영남학파의 거두인 점필제 김종직의 시는 울산 태화루에 와서도 읊은 것을 학성지에서 엿볼 수 있다.

관수루에 남겨진 시 가운데 김종직의 「낙동나루(落東津)」가 백미라면 퇴계 이황의 시 또한 금상첨화 격이다.

뱃사공은 이곳 사람 아니오
관리는 이 고을 사람
삼 장의 글로 성주에게 사례하고
나의 말로써 어머니를 위로하네
맑은 강은 한 점 흐림이 없으니
이로써 내 몸의 규율로 삼고 싶네.

- 김종직 시

낙동강은 나의 남쪽 나라
우러르건대 뭇 강중의 으뜸이라.

- 이황 시

수백, 수천 년 전 참화로 사라졌던 문화유산이 새롭게 복원되는 것은 결코 쉬운 일이 아니다. 낙동강의 대표적인 관수루가 수백 년 뒤에 새롭게 중창되었듯이 울산의 태화루도 4백여 년 만에 새롭게 중건되었다. 정유재란 때 불타 사라진 뒤 자취마저 희미한 자리를 뒤집고 찾아서 출중한 모습으로 태화강 용금소 돈대 위에 우뚝 세웠다. 옛 선인들의 숱하게 남겨진 시문들을 다시 편액에 담아 걸고 유유히 흐르는 강물을 굽어보며 자적하게 옛 정을 되새겨 보며 남은여생을 살고자 한다.

(2014. 7)

도리천(忉利天) 산책

걷고 있다. 걷고 싶어서 천천히 걷는다. 자유롭게 자란 소나무 숲을 스쳐온 바람이 걷고 있는 등을 민다. 몇 걸음 떠밀리다 걷던 대로 다시 걷는다.

잠시 걷던 걸음을 멈춘 채 그윽이 저물녘 석양이 벗긴 왕릉을 바라본다. 어머니 젊은 날의 젖무덤같이 둥글고 탐스럽다. 금방이라도 무덤 곁에 기대고 싶은 그리움이 샘솟듯 가슴을 적신다. 왕을 호위하는 병사들처럼 무덤 주위로 둘러선 나무들의 곡립(曲粒)이 더욱 장관이다. 한 세기를 함께해 온 듯 무덤을 향해 푸른 장막을 펼치고 늘어진 가지는 엷은 바람살에도 춤추듯 나불댄다. 마치 반라의 무희들의 율동 같은 동작을 선뵈는 가지를 붙잡고 선 붉은 줄기는 더욱 매혹적으로 눈길을 사로잡는다. 자신도 모르게 순간 아! 하는 감탄사를 내뱉으며 혼자 우두커니 서서 그 순간의 풍경을 바라본다.

삼국통일의 기틀을 놓은 선덕여왕. 신라 백성들의 태평성대를 위해 호국사찰 황룡사를 창건한 여왕, 여왕은 그 시절 동양 최대의 높은 9층탑을 세우고 인도 아쇼카 왕이 무인선에 황철과 불경을 보내 장육존불을 주조해 불법을 숭상하여 국난을 막았다.

선덕여왕은 국가와 백성을 위해 몸과 마음을 다 바쳐 일생을 살았으니 왕이 죽던 날 신라 백성들의 슬픔이 얼마나 컸던가를 짐작해 보는 왕릉이다. 문무대왕이 죽어 화장했던 낭산의 남쪽 봉우리 아래 도리천(忉利天)에 묻혔다. 여왕이 묻힌 곳을 왜 신라인들은 도리천이라 했을까? 궁금해 도리천 무덤을 찾아 산책하며 산세와 지형을 살펴보며 도리천 극락세계로 들어가 본다.

도리천은 불가에서 육욕천(六欲天)의 둘째 하늘의 수미산(須彌山) 맨 꼭대기에 있으며, 제석천(帝釋天)이 그 가운데 있다. 이 도리천은 삼라만상 욕계의 20천 가운데 가장 으뜸으로 그 누구도 닫지 못하는 높고 아득한 8만 유순(由旬)의 산이다. 유순은 옛날 인도에서 이수(里數)의 이름이다. 800리, 600리, 400리의 삼유순이 있었다. 8만 유순이면 감히 짐작 못할 거리이다. 즉, 유선나(踰善那)라고도 한다.

육욕천은 불가에서 욕계(欲界)의 20천 가운데 여섯 하늘 즉, 사왕천(四王天), 야마천(夜摩天), 도솔천(兜率天), 도리천(忉利天), 화락천(化樂天), 타화자재천(他化自在天)을 말한다. 곧 육천이다.

욕계는 삼계(三界)의 하나인데, 식욕, 색욕, 재욕 등의 욕망이 강한 유정(有情)이 머무는 경계, 즉, 욕심이 많은 세상을 말함이다.

사왕천은 수미산 중턱에 있어서 사천왕과 그 권속이 사는 곳이다. 욕계육천의 하나이다.

야마천은 염라대왕(閻羅大王)이 있는 곳이다.

도솔천은 욕계욕천 가운데의 넷째 하늘이다. 도가(道家)에서 태상노군(太上老君)이 있는 곳이라는 하늘이다. 태상노군은 선위한 왕으로 태왕, 천자(天子)를 말한다. 이외에도 화락천, 태화자재천이 있으니 도리천은 최상의 길지로 평가 받는다. 그것은 수미산(須彌山)이 제석천(帝釋天)을 품고 있기 때문이다.

수미산은 불교 세계설에서 세계의 중심에 솟아 있다고 하는 상상의 큰 산으로 맨 정상에 제석천이 있다. 그 중턱에는 사천왕이 살며, 그 높이가 8만 유순이나 된다고 전한다. 이 제석천은 관세음보살이 중생을 제도하기 위하여 변신한 삼십삼체(三十三體)의 하나이다. 삼십삼체는 곧 수미산 위의 천계를 이름이고 중생을 구하려는 33가지의 화신(化身)을 뜻하기도 한다. 곧 관세음보살이다. 대자 대비하여 중생이 괴로울 때 그 이름을 부르면 구제한다고 한다. 관자재보살, 관세음보살, 관음보살이 그것이다.

제석천은 관세음보살이 중생 제도를 위한 삼십삼체로 변신한 삼십삼천과도 같은 뜻을 담고 있다.

도리천 극락세계를 사유의 유람 속에서 되돌아오니 내 방객을 반기듯 산세들 화락(和樂)의 노랫소리에 귀가 즐겁다. 다람쥐가 재롱부리듯 나무를 건너뛰며 곡예를 부린다. 손에는 채 영글지 않은 솔방울을 까며 맛있게 허기를 채운다. 오르락 내렸다 다시 오르는 모습을 물끄러미 바라보다 문득 화랑들이 말을 타고 장치기하던 영화 속의 경기 장면을 떠올린다. 그 모습은 혹독한 훈련을 쌓은 후에 얻은 곡예 같아서 다람쥐와 견주어 본다.

천천히 곱게 단장된 왕릉의 소나무 사잇길을 걸어 나온다.

신라 제27대 왕으로 제위한 선덕여왕. 여왕이었지만 어느 때 왕보다 심혈을 기울여 국력신장에 최선을 다했다. 황룡사를 비롯한 분황사, 첨성대를 창건한 여왕의 치적은 영원하게 잊히지 않고 천년 세월에도 오롯이 전해져 나라의 환란을 막아준다.

왕릉 앞에서 하직 합장의 예를 올리고 계단을 내려선다. 오를 때보다 내려 설 때의 풍치가 더욱 돋보인다. 함부로 범접하지 못하게 비틀리고, 꺾이고, 휘어진 나무줄기들이 저마다 수문장이 되어 서 있다. 미처 느끼지 못했던 늘어진 가지들이 흔들리면서 춤을 춘다. 신라의 춤, 아니 우리 배달민족의 피 속에 유구히 전해져 온 살풀이 춤 같다.

선덕여왕이 왕릉 위로 나와 환하게 웃으며 손뼉을 친다.

아, 그 모습은 소풍 온 아이들이 클로즈업 된 환각이다. 천천히 걷는다. 어느 사이 왕릉 초입에 내려선다.

(2015. 5)

이름난 관음사찰(觀音寺刹)

가끔 일본을 여행하다 보면 바닷가 마을에서 도루이를 만나게 된다. 한국에서 보는 큰 대문 같은 두 개의 기둥을 세우고 위쪽에 대들보 나무를 가로질러 연결하여 여닫는 문도 없이 훤히 뚫린 채 세워져 있다. 이런 모습들은 일본 중남부지역 어디에서나 흔히 볼 수 있는 현상인데, 궁금해 물었더니 모든 신(神)들이 바다로부터 열도로 들어와서 그들을 지켜준다고 했다. 아마도 우리 불교의 바닷가에 있는 관음사찰과 비교된다.

가장 정확히 그 유래를 알 수 있는 사찰 가운데 울산의 동구 남목(南牧: 서부동)에 있는 동축암(東竺庵: 현재 동축사)을 들 수 있다.

동축사 연대기는 신라 진흥왕으로 거스른다. 헌강왕이

태평성대를 누리며 산천경계가 수려한 곳을 나들이하며 즐겼다. 그러던 어느 해 미포만 사포(絲捕)에 이름 없는 배 한 척이 물결에 떠밀려 왔다. 마침 이곳을 지나던 지방 현리가 배 가까이 다가가 보니 사람은 보이지 않고 배 안에는 불경과 황철이 가득 실려 있었다. 현리는 곧바로 신라 조정에 이를 알리고 관헌이 내려와서 배에 실린 물건들을 모두 옮겨 자세히 살폈다. 그 속에는 서축국(인도)의 아육왕이 아무리 불사를 하려고 해도 여러 번 실패하자 지켜보던 왕자가 대왕에게 아뢰었다.

"아마도 아육국에서 불사가 어려우니 불경과 황철을 실은 배를 띄워 인연 있는 나라에 닿아서 성불하도록 하시는 게 어떨까요?"

아육왕은 왕자의 말을 듣고 불경과 황철을 실어 바다에 띄우니 이 배가 곧 사포(미포만)에 떠밀려 닿았다. 신라왕은 즉시 황철을 주조하여 호국사찰인 황룡사의 장육존불을 만들었다. 이를 기념하기 위해 사포와 가까운 곳에 절을 짓고 서축에서 왔으니 동축암이라 이름 짓고 지금까지 천 년이 넘게 이 고장에서 중생들의 끊이지 않는 발길이 이어지고 있다. 이 동축사에서 동해바다를 내려다보는 일출의 모습이 장관이고, 목관으로 왔던 원유영(元有永)은 동축사가 자리한 마골산 정상 섬암(蟾岩)에 올라 해 떠오르는 동쪽을 보며 '부상효채(扶桑曉彩)'란 4언절구 시를 읊어 바위벽에 새겨 오늘까지 전해오고 있다.

이렇게 바다와 가까운 산섶에 관음사찰을 짓고 중생을 이끌며 불법을 전하는 곳이 여러 군데 있다. 신라 때부터 전해오는 이곳 동축사를 비롯한 유서 깊은 절집이 넷이나 된다.

서축국에서 온 황철로 조성된 장육존불은 신라호국의 번성을 이룩해 3국 통일을 이룩했으므로, 이곳 동축사를 찾은 수많은 중생들이 소원성취를 빌면 이루었으니 가히 그 명성이 높다. 절 뒤 바위, 망양대(望洋臺)에서 바라보이는 미포만 감벽의 동해는 손에 잡힐 듯 다가서고, 해 뜨는 수평선은 황홀함을 연출하며 붉은 아침 해를 한 가슴 안겨준다.

울산에서 포항, 영덕을 지나 강릉 쪽으로 오르면 낙산사 홍련암(紅蓮庵)이 바다와 지척에 있고, 남해 금산의 보리암(普梩菴)은 먼빛으로 바다를 내려다보고, 강화도 보문사(普門使)는 서해안의 이름난 관음수도처이다. 또 한곳 한려수도 남해안의 향일암(向日庵)이 있어 우리나라 관음사찰의 이름값을 톡톡히 하고 있음은 그만큼 찾아오는 발길이 많기 때문이다.

왜 이처럼 바닷가에 자리한 관음사찰에 불자가 많이 찾아들까? 관음(觀音)은 즉, 바닷가의 해조음(海潮音: 파도소리)을 듣기 위해서이다. 물결소리는 자장가처럼 사람의 마음을 편안하게 해주며 쉽게 잠들게 한다. 능엄경(㘋嚴經)에 의하면 사람이 잠을 자면서도 해조음에 집중해 있으면 깨달음을 얻게 된다고 한다. 이렇게 귀로 소리를 듣고 깨달음을 얻는 경지를 이근원통(耳根圓通)이라고 하며, 이렇게 도를 깨친 보살이 관음보살이다.

사실 바닷가에서 자란 나는 타향을 떠돌다 고향집을 찾아 잠들 때면 곧바로 파도소리(해조음)에 잠이 든다. 산촌에서 자란 사람은 시냇물소리에 쉽게 잠이 들 듯 눈에 보이지 않는 파(波)가 생겨서 마음을 안정시켜주는 작용을 한다고 과학자들은 말하기도 한다.

조용헌은 '동해바다는 시적이고, 서해바다는 소설적이고, 남해바다는 산문적'이라 했다. 가히 세련된 표현이다. 한 가지 더 첨미한다면 '동해바다는 시적인 면도 있으나 매우 율동적'이다.

일본인들이 바다로부터 신이 들어온다는 도루이를 바닷가에 세운 깊은 뜻을 조금은 이해할 것만 같다. 바닷속은 천하 제일가는 용궁이 있어 더욱 무릉도원을 동경하듯 가보고 싶어 하는 낙원이기에 영원히 그 꿈은 사라지지 않을 것이고, 시간이 주어지면 다시 이름 난 관음사찰을 찾아가 보고 싶다.

(2013. 12)

남전시우회(濫田詩友會)

신라의 변방 동해안을 접한 울산은 예부터 문풍이 미약했다는 어느 논객의 글을 읽었다. 이 논객은 인문학을 매우 중시하는 인사로 지금의 발전된 공업 도시에 비해 늘 문화예술의 초석이 될 인문학의 부흥을 염원해 온 터이다.

사실 그렇기도 하다. 뚜렷하게 학풍이 일어나고 학맥이 이어진 것은 1400년대에 이르러 비로소 주자학의 학풍이다. 그 이전에는 뚜렷하게 어떤 유수한 학풍을 물려받은 근거가 미약하다.

이런 가운데 조선 세종 조에 들어오면서 울산의 방어진 목장이 들어서고 남옥(藍玉)과 장기(長耆)엔 남목(南牧)과 북목(北牧)이 들어섰다. 이 두 곳 목장을 관리할 관목관이 들어서고 한양의 사복시 소속으로 감목관이 임명되어 현지로 내려온다. 이들 많은 감독관(약 58인) 가운데 시문에 특출한 원유영(元有永)과 홍세태(洪世泰)가 이곳 동면에 많은 시문(時文)과 명소바위에 7언 절구 시를 새겨 놓았다. 그곳이 사라진 미포 낙화암과 동축사 뒤쪽 관일대(觀日臺) 혹은 망양대(望洋臺), 또는 동대(東臺)라 부르는 섬암(蟾岩)이다.

이 목관들은 자연스럽게 지방토호(地方土豪)들과 어울렸고 술잔을 나누며 때로는 시를 읊으며 시흥(詩興)에 젖기도 했다. 이 과정에서 생겨난 시회(詩會)가 남전시우회였다.

남전시우회는 남목을 중심으로 동면(東面), 전체(미포, 주전, 전하, 일산, 화정, 방어진 등)의 인사들이 참여한 모임이 되었다. 매년 3월 삼짇날이면 술과 음식을 빚어 인근 명소를 찾아 시회를 열었다. 시제(詩題)가 정해지면 모두가 참여해 시를 짓고 읊으며 술과 음식을 나누어 먹으며 즐겼다. 이때 장원이 결정되면 상금보다는 상품으로 막걸리와 종이, 붓, 먹 등으로 축하했다.

이 남전시우회는 대를 이어오다 해방되자 1946년 4월에 울산 전체의 문사들이 모여들고, 심지어 경주, 부산, 진주, 밀양, 거창 일원에서까지 찾아온 사람들이 참여한 남전시우회 주최로 방어진 대왕암공원에서 시 짓기 대회가 열렸다.

이때 장원한 사람은 농면 화성리(농)의 천봉환(千鳳煥)이다.

차상 한 사람은 일산동 김태영(金泰榮)도 남목 출신이었다.

항구 동쪽에 우뚝 선 저 등대에 오르니
아스라이 푸른 바다가 한눈에 바라보이네
푸른 소나무 층암절벽 한 폭의 그림 같고
술잔 주고받는 풍류객들 즐거워하네
강남땅 명승지 물으니 오직 이곳인데
방어진 하늘에는 성스러운 구름 가득하다
삼월 야밤에 핀 벚꽃 등대 불빛에 아름답고
많은 사람 흥겨워서 술잔 권하며 노래하네.

- 천봉환(千鳳煥)

누가 서북의 장성을 쌓았으면 된다 했더냐
어찌 위협의 모진 바람에 이 겨레는 버티었나
외침도 빈번히 일어나 세상이 평안하기 어렵네
보국한단 달콤한 말 모두가 궤변의 술책이요
봉공한단 유세들에 허명이 그 얼마이뇨
하고자 하니 재력이 궁하여 허리엔 또 병 나니
어느 하시에 회복하여 화평함을 보려나.

- 김태영(金泰榮)

그 해 대왕암공원에서 해방을 기념하는 시회를 마치고 미포리 입구의 낙화암(洛花菴)에서 정기모임을 가졌다. 돌아가면서 봄, 가을 판주(辦主)를 맡으므로 그날은 명덕(明

德: 남목서부리)의 김도숙(金道淑)이 맡았다. 판주 맡은 사람이 시제(詩題)를 내고 운(韻)을 떼면, 회원 가운데 연장자가 다음 연(連)을 이어 나가서 좋은 시가 만들어지면 모두가 시창(詩唱)을 읊으며 즐겼다. 이 마지막 장소에 참석했던 김병식(金昞植)은 아버지 김원생(金元生)을 따라 이곳에 참석했다고 증언했다. 불행하게도 이 남전시우회는 몇 년 더 이어져 오다 6·25동란으로 중단되었고, 당시 전해오던 시우회의 시문들과 회의록, 장부 일체가 보관 부주의로 김도숙이 죽은 이후 행방을 찾지 못했다. 다만 마지막 남전시우회를 열었던 낙화암에는 순조(29년: 1829)때 목관으로 부임했던 원유영(元有永)의 주옥같은 시문이 바위에 새겨져 있어서 현재까지 전해져 오고 있다. 1970년대 초 현대조선소가 들어설 때 낙화암은 공장부지로 사라졌으나 문화재를 아끼고 관심 있는 김영주(2009 작고) 회장의 안목이 없었더라면 이 암각시가 새겨진 바위마저 사라졌을 것이다. 이 외에도 동면의 여러 곳에는 목관들이 남겨놓고 간 많은 암각 시와 시문들이 지금까지 전해오며, 공업도시 울산의 인문학 불모의 텃밭을 한층 비옥하게 만들고 있다. 이 동면 8경과 방어진 12경도 이들 남전시우회에서 만든 시문(소산물)이다. (2013. 1)

연꽃사연

네덜란드에 갔을 때이다. 도심에 자리 잡은 넓은 국립공원이 있었다. 축구장 두 배 크기만 한 큰 호수에 맷방석보다도 큰 연잎이 수면을 덮은 채 꽃을 피웠다. 잎에 비해 꽃송이는 그리 크지 않았고, 잎 사이로 고개를 내민 꽃봉은 비취볼 정도로 보였다. 넓은 잎면 위로는 마치 쇠못을 박은 듯 날카로운 가시들이 촘촘히 솟아 어떤 짐승이라도 접근하지 못할 것 같았다. 하지만 여러 종류의 크고 작은 개구리 떼가 느긋하게 올라 앉아 한낮 햇살을 즐겼다.

그때 본 그 연잎의 모양이 눈에 밟혀 그 후 여러 곳을 여행해 보아도 그렇게 큰 연잎은 보지 못했다. 다만 기억속에 저장되어 있을 뿐이다.

올해는 유독 탐스러운 연꽃이 많이 핀 해이다. 서너 해 전 울산의 마애사에서 연못을 조성해 연밭을 만들더니 백여 평 연못 가득히 연꽃을 피웠다. 환상적인 엷은 분홍빛이었다. 때깔이 고와서 매혹적이다.

연은 심기에 따라 여러 색으로 꽃이 핀다. 대개 붉은 계통이 많으나 지금은 외래종이 유입되어 갖가지 색으로 호화스럽다. 그 때문인지 토종연의 담백함을 대하기가 어렵다. 그만큼 외래종에 떠밀려 토종이 사라지고 있음을 말해주는 것 같기도 하다.

연꽃이 피는 모습을 가만히 보고 있으면 신비롭다. 청아하면서도 화려한 듯, 화려하지 않다. 귀하면서도 농염한 듯, 결코 농염하지 않다. 그것은 연꽃이 가진 본성이 처염상정(處染常淨)인 때문이다.

진흙 속에서 밀어올린 꽃봉오리는 하트형이기도 하고, 복숭아를 닮기도 했다. 봉인을 뜯고 활짝 핀 연꽃은 그대로 천국이고 극락정토이다. 발그스름한 분홍색, 연노랑 베이지색, 우윳빛 하얀색, 화사한 붉은색 등 몽환적인 적멸보궁이다. 이 아름답고 환상적인 실상을 어찌 생소히 표현할 수 있으랴.

경주 보문단지를 비롯한 주변 도시와 근교에는 이름난

연꽃 밭이 많다. 신라 문무대왕 때 불국사를 창건할 당시 남편 지아비를 그려 천리 길을 달려와 만나기를 기다리다 끝내 몸을 던진 연지, 그 연지는 지금 꽃의 바다이다. 아니 보이는 것이 연꽃뿐인 연꽃 세상이다.

조선시대 문신 강희맹이 명나라 남경에서 연씨를 받아 돌아와서 심은 완곡지도 연꽃이 만발했다. 백련인데도 잎 끝이 뾰족하고 짙은 홍색을 띠었다.

백제가 멸망해도 남겨진 문화향기는 백제 무왕 때 만들어졌던 궁남지(宮南池)에서 가슴 벅차게 느껴진다. 걷기 좋게 뚝길 따라 색깔별로 포기를 나눠 심어서 여러 가지 연꽃색을 감상할 수가 있다. 이곳을 돌아본 오태진은 '백련이 곧은 선비라면 홍련은 화사한 미인'이라고 말했다.

장자의 구절 '관수세심관화미심(觀水洗心觀花美心)'에서 인용해 이름 지었다는 '세미원(洗美苑)'은 곧 '물을 보면 마음을 씻고, 꽃을 보면 마음을 아름답게 하라.'는 것을 뜻한다.

그래서 '연꽃에 마음을 씻는다'고 했던가? 언제 기회가 주어지면 두물머리 부근에 만들어진 이 세미원을 한 번 더 돌아봐야겠다.

군자처럼 고결한 연꽃, 연꽃은 더러운 개천에서 살지만 흔들리지 않는 지조와 중통외직(中桶外直)의 성품은 난보다

고고함을 더한다 하여 신사군자(新四君子)로 불리기도 한다. 이뿐이 아니다. 은은한 꽃향은 방향청복(芳香青福)이다.

중국 송나라 때 유학자 주염계(본명 주돈이: 1017~1073)는 도가사상의 영향으로 새로운 유교이론을 창시했다. 그가 남긴 수필 '애련설'에는 고아한 '애련시'가 남겨져 있다.

'애독애련지출어니이불염(予獨愛蓮之出淤泥而不染), 탁청련이불요(濯淸蓮而不妖), 중통외직(中桶外直), 불만불지(不滿不枝)' (나 홀로 연꽃을 사랑하니 진흙탕 속에서 꽃을 피웠으면서도 오염되지 않았고, 맑고 깨끗한 꽃을 피웠음에도 그 요염함을 자랑하지 않고 속은 비었어도 밖은 곧으며 넝쿨도 없고 가지도 없다.)

진나라 도연명은 황국을 사랑해 서리 맞은 국화꽃으로 국화주를 담았다. 이당내는 모란을 사랑했으나 많은 꽃 중에 연꽃이 군자라고 예찬했다.

작은 정원이 있는 필자의 뜰에도 항아리에 물을 담아 기른 연꽃이 피었다. 붉은 색, 노란색의 소연을 비롯해 연분홍 연꽃도 피었다.

실바람에도 꽃 향이 콧등을 지극해 한결 상쾌하다. 함께 청향을 즐길 벗은 없어도 주염계를 생각하고 부생육기

(浮生六記)를 쓴 청나라 사람 심복(心腹)을 그리움으로 불러 모아 연화심(蓮花心)에 어린 애련시 한 편쯤은 읊어야겠다.

더러운 물속
진개장에서
일생을 보내지만
수려하고 고결한
연꽃이여
너를 사랑하노라.

(2015. 7)

봄꽃 따라서

수선화는 봄을 알리는 전령(傳令)이다.

그 해 초여름 그래스미어의 도보카티지(Dovo Cottage)를 찾았을 때 호반의 길가에 가득 핀 수선화를 보았다. 물안개 자욱한 호숫길을 따라 무리지어 핀 수선화는 천국에 온 듯 환상적이었다.

영국이 낳은 세계적인 시인 워즈워스의 명시 「수선화」도 이곳을 배경으로 쓰여졌다. 대다수 사람들은 워즈워스의 시를 읽으면 그의 삶이 행복해 보이지만 그렇지만은 않았다. 스코틀랜드의 북쪽에 위치한 이곳은 산간마을이다. 얼핏 떠오르는 강원도 정선 골짜기나 태백 같은 깊은 골짜기에 위치해 있다.

스코틀랜드 레이크 디스트릭트의 중심지인 그래스미어

에서 몇 시간은 달려야 도브카티지에 도착하게 된다. 마치 우리나라의 춘천 같은 그래스미어도 호반의 도시이다. 워즈워스는 산과 계곡과 호수로 이루어진 자연경관이 수려한 이곳에서 문학의 꽃을 피웠다. 그의 자택에서 가까운 거리에 있는 호숫가를 걸으며 무리지어 핀 수선화에 매료되어 오래토록 발길을 멈추곤 했다. 2백 십수 년 전 80여 세의 일생을 살다 간 그의 시 「수선화」는 우리에게도 가곡으로 태어나 지금도 많이 애창되고 있다.

우리나라에 절친했던 '청록파' 3인의 시인이 있다면 워즈워스에게도 「서정시집」을 함께 낼 만큼 T.S콜리지(Coleridge)와 절친했다. 이 두 사람에게 합류한 시인이 로버트 사우디(Robert Southey)였다. 이 세 사람을 '호반의 시인'으로 영국 낭만파 제2세대이다. 제3세대가 바이런, 키츠, 쉘리이다. 이 당시 서정시집은 영국에서는 낭만주의 운동의 성전이라고 불렀다. 이 호숫가 마을에 또 하나 더 유명한 것은 높은 산자락에 세워진 '틴턴사원'이다. 와이강을 내려다보며 지은 건물인데 당시 이미 폐허로 남은 모습을 시로 남겨 놓았다.

다섯 해가 지났다

다섯 여름과 그만한 길이의 긴 겨울이
이제 나는 다시 듣노라, 이 강물 소리를. … 중략 …
- 워즈워스의 「틴턴사원」 일부-

수선화가 핀 상모리 들길을 걷는다. 대정읍 어디서나 볼 수 있는 수선화. 수선화는 돌담과 길가의 밭(채전)이나 둔덕에서 흔히 눈에 띄는 꽃이다. 남도 제주에서 새봄을 맞으며 피어난 수선화를 바라보면서 잠시 영국 북서쪽 그리스미어에서 보았던 수선화와 워즈워스를 떠올려 보았다.

꽃샘추위와 억세게 몰아치는 융동(隆冬)의 해풍에도 아랑곳없이 어기차게 피어나는 꽃이다. 복수초는 새촉은 땅 표면의 얼음을 녹이는 열을 발산한다지만, 수선화는 무슨 힘으로 언 땅속에서 고개를 내미는 것일까? 아마도 생명의 힘, 꽃을 피워 종족을 남겨야 한다는 본능일 것이다. 대자연의 섭리가 그렇듯 여인이 아기를 낳는 고통도 새 생명을 창출하는 본능 때문에 참아낼 수 있는 것이 아닐까 싶다.

멀리서 봄을 알리는 전령의 발걸음이 지축을 울린다. 온갖 산새들이 봄의 소식처럼 꽃봉오리 음표를 단 나뭇가지에서 울어댄다. 음력 정월부터 낙안읍성, 금둔사의 납월

매(臘月梅)가 꽃잎 벙글기 시작하면 통도사 월사매도 뒤이어 꽃피우는 봄.

봄은 위대한 자연의 어머니인 셈이다.

귓불 스치는 바람살은 아직 싸늘하다. 며칠 뒤면 경칩이다. 동면에 깊었던 땅 속 미물들이 깨어나면 봄은 거침없이 바다를 건너 육지로 내달을 것이다.

뿌리과 식물로는 한란이 한 단계 위지만 한란은 한라산 중상부에 자생하고 수선화는 아랫들녘에 자생한다. 얼핏 보기엔 파를 닮았으나 자세히 살펴보면 전혀 다르다. 소금기 밴 해풍에 매질당해 어찌 보면 한란보다 잎새가 억세고 굵은 기개를 자랑한다. 나무젓가락 굵기 만한 꽃줄기가 바르게 솟고 몇 송이 꽃을 매단다. 꽃은 고즈넉이 고개를 숙일 뿐 들지 않는다. 이런 겸손함을 그리스 신화에서 물가에 비친 자신의 모습을 굽어보는 나르키소스로 비유했다.

제주인들은 뿌리 모양이 마늘을 닮았다고 하여 '몰마농꽃'이라 부른다. 특히 말이 수선화를 잘 뜯어 먹어서 '마농'이란 이름을 얻었다는 이야기도 있다. 흰 꽃잎에 유독 노란 꽃술이 돋보이는 수선화는 꽃피어 오래 가지 못한다. 2~3일이면 시들어 버린다. 하지만 꽃향은 그윽하고 특이해 9년 동안 유배생활을 했던 추사도 수선화를 아껴 사랑했다. 아마도 청초하게 꽃핀 모습에 한양에서 여삼추 가슴 저리도록 기다리고 있을 부인을 떠올렸음도 수선화 사랑에서 짐작해 본다.

몇 해 전 울산시인협회에서 봄 문학기행으로 청도를 찾았다. 이호우, 이영도 남매의 생가를 돌아보고 민병도 시인 집을 방문했다. 청도천을 끼고 흐르는 강변에 자리 잡은 시인의 우거는 문학의 산실이듯 정원이 잘 꾸며져 있었다. 뜰 가운데 넓은 연못가에는 하얗게 무리지어 수선화가 탐스럽게 피어 제 모습을 뽐냈다. 염치없이 한속(한 뿌리)을 분양해줄 것을 청했더니 서슴없이 세속을 파서 묶어주었다. 돌아온 다음날 분재원 꽃밭에 심었더니 그 사이 뿌리번식을 거듭해 큰 무리를 이뤘다. 비교적 산기슭 한풍이 잦은 곳이라 올해의 변덕스러운 날씨도 꽃핌이 늦은 편이다. 아마 다음 주중이면 꽃봉을 활짝 피울 것임을 예상하며 하루의 생각들을 정리해 본다.

어머니의 유년의 섬 서귀포. 서귀포 앞바다에 뜬 섶섬을 그리워하며 유채꽃 나비가 되어 귀천한 어머니. 어머니의 추억을 뒤적여 볼 기회를 가슴에 묻고 석양에 등 떠밀려 봄꽃을 따라서 걷던 길을 돌아서 귀로에 오른다.

(2016. 3)

고향 연정

고향마을 입구에 있던 낙화암의 애절한 한시가 새겨져 있던 쌍바위가 반세기가 다 된 47년 만에 시민들의 품으로 돌아왔다. 그동안 동구 서부동 불당골 한국 프렌지 공장 명예회장이었던 고 김영주 회장의 저택에 있던 것을 지난 7월 초순에 중장비를 동원해 대왕암공원 입구로 옮겨 놓았다. 소식을 접하고 한달음에 달려가고 싶었으나 갈 수 있는 사정이 여의찮아 며칠이 지나고 어제 가서 보았다. 바위에 새겨진 암각 시(詩)는 그 사이 많이 훼손(낡아보였음)된 듯했고, 글씨는 더욱 희미하게 판독하기 어려웠다. 그동안 지역문화원에서 비전문가들이 탁본을 뜨느라 몇 차례 손때 묻힌 것도 훼손의 원인이 되었으리라 생각이 든다. 한 바퀴 돌아서 땅 위에 놓여진 바위를 보고서 공원 안쪽 망루터(자살바위)이던 곳에 올라 옛 고향 마을이 있었던 동쪽을 바라본다. 배산임해를 이뤘던 병풍처럼 우뚝 솟은 명자산(鳴紫山)만 그대로 있을 뿐 바닷가 아래는 선박조립 건물들만 즐비하게 서 있다.

눈길로 저기쯤은 내리(內里), 저쯤은 외리(外里), 저기는 송전(松田), 저기쯤은 한채를 가늠하며 회상 속에 빠져든다.

사라진 미포(尾浦)마을은 천혜의 자연조건이 좋은 온갖 해산물이 풍요로운 해촌이었다. 차가 다니는 송전 마을에서 한채, 외리를 거쳐서 내리에 이르는 2킬로 가량 해안 따라 늘어선 양장 같은 마을이다. 이 네 곳이 합쳐진 것이 미포동(리)이었고, 130호 가량 되었다.

송전마을은 서쪽편이고 한채는 북쪽이고 내리는 동쪽에 치우쳐 있었다. 북쪽으로 우뚝 높게 솟은 명자산, 봉화산, 백산이 북풍을 막아 겨울에는 따뜻하고 여름은 시원했다. 안마을 앞바다에는 해면에 솟은 바위들이 많았고 그 가운데 절묘하게 큰 바위로 형성된 홍상도(紅裳島)는 바다 위에 떠 있는 그림같이 아름다운 모습이었다. 4개 마을에서 유일하게 자연 포구가 형성된 곳은 내리밖에 없었다. 웬만큼 풍랑이 사나워도 배들이 바다로 나가 조업을 하여 포구로 돌아오면 지천이던 해조류와 생선, 어패류가 노적을 이루었다. 그래서 내리 사람들은 생활근거를 해산물(생선, 미역, 어패류)에 의지했고 외리는 반 이상은 외지(방어진, 부산 등지)로 나가 배를 탔고, 그 외 부녀자와 남은 사람은 장작, 솔잎(갈비)을 이고 지고 방어진 어시장까지 가서 내다 팔았다. 그때 도시인들에게는 땔감이 식량만큼이나 큰 비중을 차지했다. 송전, 한채는 농토를 이용해(쌀, 보리, 콩) 생활을 영위했다. 비교적 마을 전체로 보아서는 다른 마을에 비해 기근(가난)이 덜했다.

어쩌다 대왕암공원에 소나무(인공조림: 50~60년생) 한 그루가 베어지거나, 태풍에 쓰러지면 여럿이 입찰을 하여 낙찰된 사람은 나무뿌리까지 파서 땔감으로 이용했던 시절이다.

아련한 회상의 언덕 너머로 손짓하는 유년이 이날따라 못 견디게 가슴 속에 그리움을 남겨 눈시울이 붉어졌다.

발아래 잔물결 찰랑이는 모래알이 유난히 고운 일산해수욕장은 예나 지금도 크게 변하지 않은 포구이건만, 목구멍에 가시처럼 어항을 만드느라 축조한 콘크리트 구조물이 눈에 밟혀 못내 아쉽다.

자살바위를 내려서려니 비스듬히 누운 노송 한 그루가 상흔을 내보이며 모질게 지나온 시간을 말해준다. 가랑잎만 굴러도 깔깔대던 중학 시절 방과 후 이곳에 찾아들 때면 몇이서 나무 등걸을 타고 가지 위로 올라 앉아 발을 굴러 출렁이게 하여 말 탄 기분을 내던 개구쟁이 시절이 어제 같은데 벌써 60년이 바람같이 지나갔다.

돌아다본 입구에서 쌍바위를 힐긋 바라보며 애틋하게 시를 읊어 새겨놓은 목관 원유영의 시구를 떠올려 몇구절 읊어본다.

그 옛날 어느 핸가 꽃이 떨어졌던가
봄바람이 건듯 부니 꽃은 다시 피었건만
바위에는 봄이 와도 그때 사람 보이지 않고
달빛만 하염없이 푸른 바다에 서성이네.

- 원유영(元有永) 시 일부

감목관 원유영은 오래 머물지 않고 몇 해 뒤 상주 현감으로 자리를 옮겨 동면 방어진 목장 남목을 떠났다.

(2017. 7)

월견초 필 때면

설흔 날, 해가 지고 달이 뜰 때면 어머니는 동대(東臺)에 올라 바다를 바라보며 징용 간 아버지를 기다렸다. 겨우 네 살이던 어린 아들은 어머니 등에 업혀 집에 가자고 칭얼거렸다. 그럴 때면 등에 업힌 아들의 엉덩짝을 화난 듯 손바닥으로 때리며 혼잣말처럼 중얼거렸다.

"아이구, 네 아비는 언제 돌아올는지!"

어머니는 징용 간 아버지를 애타게 기다렸다. 돌아오는 길에 달맞이꽃 한 가지를 꺾어 손에 잡혀준 아련한 기억을 떠올려 본다.

마을에서 중학교는 멀리 떨어져 있었다. 걷다 뛰기를 반복해 1시간이 소요되는 거리에 있었다. 그곳이 대왕암공원 숲속에 자리한 지금은 울산교육연수원이 된 곳이다.

미포마을에서 새벽에 일어나 아침밥을 먹고 길고 먼 비포장도로를 걸어서 해안 지름길에 접어들면, 오좌불(오지벌: 외진 모래사장)이다. 모랫길은 아무리 빨리 걸어도 속도가 붙지 않았다. 마른 모래는 탄력이 없어 내딛을 때마다 슬립현상으로 속도가 절감되기 때문이었다. 그래서 더울 때는 늘 교복은 땀에 젖었고, 교문에 들어서면 지각으로 규율 부원에게 기합을 받았다.

날씨가 좋을 때는 잘 눈에 띄지 않았지만, 비가 오려고 구름이 짙은 날은 해안가에 노오란 꽃들이 많이 피어났다. 오좌불 해안은 모래사장이 길고 넓었다. 모래언덕 위로 곰솔이 울창하게 들어섰고, 나무 아래로 달맞이꽃이 무리지어 피었다. 노오랗게 황금보료를 깔아 놓은 듯 군락을 이루었다.

남녀공학이던 학교는 방과 후에 제각기 무리지어 집으로 돌아올 때면 자연스럽게 남녀학생들이 앞서거니 뒤에서 걷게 된다. 늦은 저녁시간이지만 여학생들은 예쁜 달맞이꽃을 꺾어 머리에 꽂았나.

심술스러운 남학생이 해잘스럽게 여학생의 머리에 꽂힌 꽃을 뽑으려 들면 함께 걷던 친구들이 비명에 가까운 소릴 질렀다.

"얘, 순희야, 너에게 꽃을 뺏으러 간다."

순간 순희는 홱 돌아서며 다가오는 개구쟁이 남학생 개똥이(별명: 본명은 수웅)를 밀쳐냈다. 그렇게 장난하며 노닥거리다 보면 어느 사이 먹물처럼 번지는 어둠은 솔숲 사이에 강물처럼 출렁거렸다.

잠깐 사이 수천 개의 노오란 등불이 켜지듯 달맞이꽃은 피어나고 비릿하게 밀려오는 갯바람 속에 향그런 야래향이 폐부를 가득 채웠다.

멀지않은 바다에서는 멸치잡이 망선(望船)이 간드레불을 켜고 일직선으로 바다를 가르고 지나갔다. 멸치 떼의 정보를 신호로 알려주면 기다리던 모선이 긴 그물을 싣고 쏜살같이 바다로 나가 그물을 놓았다. 멸치를 에워싸고 당기는 후리치기였다.

횃불에 놀란 밤물새들은 평화를 깬 인간 침입자를 원망하듯 강하고 높은 울음을 토하며 방향 없이 먼 바다로 날아갔다. 아이들은 귀가를 잠시 잊고 멸치 잡는 후리치기에 정신이 팔렸다가 화들짝 놀란 시늉을 하며 귀가를 서둘렀다. 그럴 때면 더욱 진한 그리움처럼 달맞이꽃 향은 폐부에 스며들었고, 불현듯 어머니 모습이 떠오르기도 했다.

사실 달맞이꽃은 자생하는 곳이 바닷가 쪽이 많았다. 지금은 산간, 강변, 공원 할 것 없이 어디서나 흔히 볼 수 있으나, 토종 달맞이꽃은 갯바람 몰아치는 해변이 군락지였다.

달맞이꽃은 여러 가지 이름을 가지고 있다. 달이 뜰 때 핀다고 해서 '달맞이꽃'이라고 부르지만 달리 불리는 이름도 있다. 월견초(月見草), 야래향(夜來香)이란 한자 이름도 있으나, 남아메리카에서 한국으로 80여 넌 전에 들어온 이주 식물이다. 해방될 무렵 들어와서 '해방초'라고도 불렀다. 달맞이꽃이 밤에 피므로 곤충이 잘 찾아오도록 노란색으로 꽃 색을 치장했다. 아무래도 빨강, 파랑, 남색, 하얀색보다는 노란색이 가장 밤에 잘 띄는 색이므로 노란 꽃으로 피어났다. 또한 꽃도 깜깜한 밤중에 나방이나 하늘소에게 잘 보이게 맨 꼭짓점에 피었다. 꽃잎은 4장이고, 수술은 일곱 개인데 반해 암술은 하나뿐이다. 이 암술머리는 네 갈래로 갈라졌고 향기는 은은하다. 꽃가루가 많고 끈적여서 곤충들의 몸에 붙으면 잘 떨어지지 않는다. 가루받이가 끝나고 나면 송이째 꽃은 떨어지고, 길쭉한 모양으로 촘촘하게 열매가 붙는다. 늦은 가을이 되면 열매 껍질은 네 쪽으로 갈라져서 깨알 같은 씨가 쏟아진다. 씨는 기름을 짜서 비만인에게 좋은 약으로도 쓰이고 비누로 만들어지기도 한다.

땅에 떨어진 씨앗은 겨울을 지나는 동안 땅에 바짝 붙어 새순으로 자란다. 다음해 봄이 되면 키가 자라서 겨울을 지났으니 두해살이로 구분된다. 크게 자라면 성인의 허리까지 닿기도 하고 비옥하고 습한 곳에서는 1.5m까지 자라기도 한다. 원산지의 인디안들은 뿌리째 뽑아서 줄기와 꽃을 한꺼번에 물에 달여 피부병, 기침, 통증을 다스리는데 쓴다. 특히 아토피, 피부병에 효과가 커서 약재로 많이 쓰인다.

추억 속에 피는 꽃 달맞이, 아니 월견초. 올해는 가을에 씨를 채집해 두었다가 비만이 있거나 피부병이 잦은 이웃이나 일가친척들에게 약재로 선물하면서 마음 가장지리에 끼인 어머니에 대한 추억을 그려 보련다.

(2015. 7)

3

제주의 신화

선진 국민

우리에게 잘 알려진 대한민국 월드컵 축구 4강의 신화를 이루어낸 명장 거스 히딩크의 조국이 네덜란드이다.

23년 전 세계 꽃 박람회장인 노트르담에 갔을 때 선진화된 화훼 생산과 시설에 놀랐고, 근검절약에 놀랐고, 북유럽 무역의 중심역할에 놀랐다.

모든 하우스 시설은 자동화가 되어서 장미 한 그루에서 40~50송이의 꽃을 생산했고, 품종과 상품이 규격화되어 있었다. 출하장에서 나온 장미꽃 상품은 자동 컨베어로 이동되어 경매대에 오르면 순서에 따라 전자식으로 낙찰자의 고유번호와 가격이 대형화면에 선명하게 표시되었다. 낙찰된 상품은 다시 컨베어로 이동되어 화물차가 기다리는 밖으로 운반되었다.

장미 한 그루는 땅이 아닌 분(盆)에 심어져서 재배되었고 물과 영양분, 병해충 예방약제까지 일사분란하게 한꺼번에 자동 처리되는 장미 농가를 방문해 보면서 우리의 낙후된 화훼 산업이 하루빨리 선진국 기술을 모방하거나 도입해야 함을 절실히 느꼈다.

네덜란드 농민들은 모든 체계를 일원화하여 전기, 물, 비료, 노동력, 운반비 등 어느 것 하나 손실이 되지 않게 절약하여 최대한 생산성을 높였다. 또한 가정주부들은 한국의 주부들과는 전혀 다른 생활 습관에 새삼 놀랐다. 당시 국민 GNP 4만 불일 때 대한민국은 겨우 5천 불 정도밖에 되지 않았다. 여덟 배가 차이가 나던 그 시절 한국 주부들이 웬만하면 자동차를 타고 대형마트나 백화점으로 가서 가정의 생필품을 구입해올 때, 네덜란드 주부들은 십중팔구는 자전거를 애용했고, 한국 주부들이 일주일 식료품을 구하면 그들은 3일 것만 구입했다. 불필요하게 냉장, 냉동시켜 맛과 신선도를 저하시킬 필요가 없고, 무엇보다 헛되게 전기를 낭비하거나 과다 지출하여 가계를 축낼 필요가 없다는 것이었다. 그뿐만이 아닌 외식은 불필요하게 하지 않았고 매월 가족이 함께하거나, 꼭 필요할 때만 외출, 외식을 했다.

절전이 몸에 밴 국민들은 웬만해서는 불필요하게 전등을 켜지 않았고, 네온사인, 가로등도 화려하게 불 밝히지 않았다. 정말 피나게 사는 선진 국민들이라 여겨졌다. 육지가 바다보다 3분의 1이 얕아 풍차로 바닷물을 밀어내었고, 북해의 거친 파도를 헤치며 오대양을 개척했던 화란인들의 삶을 선망의 대상으로 바라보았다.

네덜란드는 작은 나라이다. 경상남·북도만한 좁은 국토는 손바닥 같은 평지에서 길러낸 꽃(장미, 튤립, 달리아, 작약 등)으로 세계시장을 석권하고, 암스테르담 항구는 북유럽의 컨테이너 화물 80%를 처리하는 해양교통 중심지였다.

우린, 아니 대한민국의 월드컵 4강은 결코 우연이 아닌 히딩크란 걸출한 조련사를 만남으로써 필연이 되어 이룩해낸 것이다. 작은 나라지만 경제대국을 거울삼아 절약, 절전, 개척정신을 본받아 어려운 대한민국 경제를 지켜나갈 때 비로소 '절약하는 국민이 선진 국민'이 될 것이라 믿는다.

(2013. 8)

갯물 웅덩이

서귀포 외곽 정방폭포 아래쪽에서 망망한 바다를 바라본다.

끝닿음 없이 펼쳐진 바다 아득한 곳, 잎사귀에 눈이 쌓여 곡선으로 휘어진 대나무같이 반원의 수평선이 아슴거리며 다가선다. 다가서는 수평선을 밀어내듯 손에 잡힐 듯 근거리에 있는 문섬과 섭섬이 한 폭의 풍경화를 그리며, 머리에 숲을 이고 절묘한 산수경석으로 마음을 사로잡는다. 어디서나 쉽사리 묘경의 눈 맛을 볼 수 없는 특이한 풍광을 연출하며 수면에 앉았다.

지난날 천재 화가 이중섭도 아내 남덕(南德)과 두 아들을 데리고 이곳 어디쯤에서 주먹돌을 뒤적여 게를 잡으면서 아이처럼 좋아하며 초여름 하루를 보냈으리라.

내가 앉은 바위 아래로 가슴 높이만큼 출렁이던 바닷물은 어느 사이 저만큼 해변에서 물러나는 썰물의 시간이다. 여기저기 크고 작은 물웅덩이가 생겨나고 미처 물 따라 깊은 바다로 나가지 못한 생물들은 얕고 좁은 물속에서 치열하게 먹이경쟁을 벌이고 있다. 어쩌다 운 좋게 등 위에 무성한 해초로 위장한 밤게는 죽은 조갯살을 어디서 물고 왔는지 한가롭게 바위틈에서 포식을 즐긴다. 이때를 놓칠세라 다른 곳에서 나타난 집게가 잽싸게 덤벼들더니 조갯살을 낚아챈다. 깜짝 놀란 밤게는 맛있게 먹던 귀한 먹이를 무법자같이 빼앗아간 집게를 향해 엄발로 덥썩 먹이를 물고 있는 새끼발을 꽉 물고는 놓질 않는다. 이때를 같이 해 집게의 엄발도 밤게의 엄발을 강하게 물고서 밀고 당기기를 몇 차례 거듭하더니 아뿔싸, 힘에 부쳤던지 밤게의 엄발이 어깨까지 뚝 떨어진다. 기회를 놓치지 않은 집게는 떨어진 밤게의 엄발을 곁에 놓고 다시 공격할 태세를 보이니 밤게는 패잔병처럼 슬그머니 물러나며 바위 뒤로 줄행랑친다. 득의양양한 집게는 쟁취한 조갯살을 물고 전쟁에서 승리한 개선장군같이 자기 집 바위틈으로 옮겨간다. 그 순간 또 다른 난적이 나타났다. 집게와 외형상 몸집이 비슷해 보이긴 해도 한결 용맹스러워 보이는 털게가 집게의 길목을 막는다. 집게와 털게는 곧바로 일전을 치를 듯 한 치의 양보도 없이 서로의 약점을 노리며 공격할 태세를 취한다.

물속의 먹이 경쟁은 이 물웅덩이에만 있는 게 아니다. 숲속의 야생 세계는 훨씬 치열하고 생사를 결정짓기도 한다. 어찌 바다와 육지의 야생 세계에서만 먹이 경쟁이 있으랴! 인간이 살아가는 사회는 더욱 치열하고 잔인하게 치러지고 있지 않은가? 경쟁이 아니라 식량으로 인한 전쟁이 일어나기도 하는 약육강식의 잔인한 인간사회의 참극이 세계 여러 곳에서 전개되고 있다. 그래서 물웅덩이 속의 조갯살 먹이 다툼은 그저 뺏고 빼앗기는 쟁취일 뿐, 생사를 판가름하는 일은 아닌 것 같다. 물웅덩이 속의 게들의 먹이 다툼이나 숲속의 맹수들이 사냥한 먹이를 강자가 가로채는 것보다는 인간이 저지르는 전쟁이 훨씬 잔혹한 결과를 초래한다.

잠시 상념에서 벗어나 다시 물웅덩이 속을 들여다보니 우선은 외형이 위풍당당하게 위장한 털게가 집게보다 덩치가 커 보인다. 먹이를 뺏으러 온 털게가 먼저 공격을 시작한다. 뺏고 빼앗기지 않으려는 집게와 털게는 주 무기인 엄발을 앞세워 조갯살을 물고 밀고 당기며, 좌우로 힘을 겨룬다. 양쪽이 비슷한 힘을 가졌는지 도무지 승산이 나지 않을 것 같이 싸움이 길어진다. 그러나 싸움이란 종래는 어느 한 쪽이 지고 이기기 마련인데 두 녀석은 힘을 과하게 쓴 탓인지 기진한 상태로 서로 엄발을 물고는 놓질 않는다. 한참을 버티던 끝에 차츰 집게가 힘이 다했는지 몇 걸음 뒤로 물러서는 순간 두 녀석은 물웅덩이 깊은 곳으로 굴러 떨어진다. 하지만 서로가 물고 있는 엄발을 놓지 않고 있더니 웬일인가? 집게의 엄발과 털게의 새끼발이 동시에 떨어져 나간다. 좀 더 자세히 바라보니 집게는 새끼발까지 떨어진 채 만신창이가 된 상태이다. 조갯살 먹이 하나 때문에 서로가 치명적인 상처를 입은 채 싸움은 끝이 났다. 괜스레 밤게 것을 빼앗아 혼자 챙기려던 집게의 과욕이 지울 수 없는 상처로 남았다. 털게 또한 이 싸움에서 새끼발을 잃고 불구가 되었다. 마치 스페인의 무적함대를 깨뜨린 넬슨 제독이 이 전쟁에서 한 쪽 팔을 잃고 불구가 되듯 전쟁은 참혹한 것이다.

조갯살의 미련을 버리지 못한 털게가 천신만고 끝에 다시 먹이를 둔 자리를 찾아 왔지만 이미 때는 늦었다. 먹이 냄새를 맡고 몰려든 망둥어 새끼들이 사방에서 조갯살을 물고 갈기갈기 찢고 있다. 평소 같으면 위용을 부려 엄발을 앞세워 망둥어 새끼들을 쫓아내련만 기진맥진한 채 제어할 방법이 없다.

앞발도 상처를 입었고 힘도 소진되어 서로 먹이를 먼저 먹겠다고 아우성치는 망둥어들을 바라볼 수밖에 없다. 망둥어 새끼들은 조갯살을 두고 다들 많이 먹겠다고 다투는 사이 어디서 나타났는지 덩치 큰 망둥어 어미가 새끼들이 다투는 먹이를 가로채어 한입에 꿀꺽 삼켜버린다.

한동안 소란스럽던 물웅덩이 속은 순간 고요한 평화가 찾아들고 다시 얼마 전의 물속이듯 흐린 물이 맑아졌다. 맑아진 물속에는 얼마 전까지 보이지 않던 수많은 생물들이 수초와 바위틈에서 숨 쉬고 있다. 망둥어 이외에도 크고 작은 물고기며 파래새우, 말미잘, 물벼룩 등 이름 모르는 작은 치어들이 이 물웅덩이 속에서 살고 있음을 엿본다. 생명체를 가진 모든 미물들이 이 바닷물 웅덩이 속에서 소우주를 만들며 번식하고 진화하며 수만 년, 아니 수억 년을 살아왔고 또 살아갈 것이다. 나는 가만히 앉아서 생각에 잠긴다. 인간이 살고 있는 세상도 이 물웅덩이와 다를 바 없음을 실감한다. 아득한 원시시대부터 부족 간의 전쟁과 약탈은 대부분 식량 전쟁이었다. 원시시대를 지나 영토전쟁이 가속화되면서 인류의 평화가 깨어지고 강자와 약자 간의 행복과 불행이 생겨났다.

더 많이 가지려는 욕구충족은 크나큰 불행을 초래하고 끝내는 모두가 절망의 나락으로 떨어지는 불행을 맞게 된다. 서로 공존한다는 것은 인간 사회 뿐만이 아닌 이 지구상의 모든 생명체를 가진 존재들은 모두가 열망하는 명제이겠으나 약육강식은 피할 수 없는 본능적 운명인가 보다.

물웅덩이 속의 조갯살 먹이 다툼으로 밤게, 집게, 털게가 피 흘리는 다툼으로 만신창이가 되듯, 우리 인간사회가 존재하는 한, 늘 다툼 전쟁은 피할 수 없는 숙명이 아닌가 느껴진다.

어느 사이 저무는 석양이 몰려온다. 문섬과 섭섬, 범섬은 더욱 노을 풍광이 아름답고 귀에 익은 휘파람 소리가 들려온다. 나는 자리를 털고 일어나서 먼 바다 쪽을 바라본다. 물질하는 잠녀들의 숨비소리가 해안에 맴돈다. 어쩌면 바다에서 삶을 일구며 가쁘게 토해내던 여인들의 한스러운 절규 같기도 한 숨비소리.

귓가에 맴도는 아련한 소리는 나를 유년의 텃밭으로 데려가며, 어머니가 즐겨 부르던 노랫말로 '서귀포 칠십 리'로 이어진다.

바닷물이 철썩 철썩 파도치는 서귀포
진주 캐는 아가씨는 어디로 갔나
휘파람도 그리워라 쌍돛대도 그리워
서귀포 칠십 리에 물새만 운다.

물결 가득 찬 물웅덩이를 물끄러미 바라보니 뺏고 뺏기는 먹이 다툼은 사라지고 고요하게 평화만 너울거린다.

(2014. 5)

꽃피운 인쇄문화

장구한 인류 역사 흐름 속에 문명을 변화시킨 가장 큰 업적으로 인쇄술, 나침판, 폭약을 손꼽는다. 이 가운데 우리의 인쇄술은 그 어떤 나라보다 가장 먼저 발명하여 발전해 왔다. 우리나라는 세계 인류사에 가장 오래된 목판인쇄물인 다라니경과 유네스코가 지정한 세계문화 유산인 팔만대장경을 만들었다. 또한 직지심경은 금속활자본으로 세계에서 가장 오래된 활자본이다. 이 같이 인쇄술은 문명을 꽃피우고 문화를 창조하는 원동력이 되면서 20세기 후반까지 문명과 문화를 꽃피웠다.

울산의 인쇄문화가 제자리를 잡기 시작한 것은 그리 오래지 않았다. 울산과 경남의 인쇄업 발전사는 40여 년으로 그 맥을 짚는다. 그 가운데 울산은 주변 도시들에 비해 초기에는 모든 것이 저조했다. 가까운 경주에서 인력이 보충되어야 했고, 인쇄술을 비롯한 모든 분야에서 열등감을 극복하지 못했다. 하지만 울산은 산업화, 민주화 시기를 거치면서 급속히 발전하여 하루가 멀다 하고 우후죽순처럼 인쇄업이 문을 열었다.

울산에서 가장 앞선 1910년대 동구 방어진 인쇄소가 활판인쇄와 석판을 일성초기에 시작하였고, 중구 북정동 울산인쇄소가 같은 연대에 일본제 수동 활판기로 10여 명의 종업원을 거느리고 1950년대까지 활판 인쇄업을 유지해 왔다. 일정후기부터 성남동 협동인쇄, 삼화인쇄, 태화인쇄가 문을 열었고, 5·16혁명 이후 태평인쇄, 언양인쇄가 뒤를 따랐다. 1970년대는 현대중공업, 현대자동차가 들어서면서 울산은 현대 인쇄산업이 가속화 되었다. 당시 15개 업체가 성업을 이루었다. 그 후 1980~90년대에는 삼정출판인쇄, 남일인쇄, 세종인쇄, 대한종합인쇄, 문화인쇄 등이 후발 주자로 인쇄업계에 들어섰다.

초·중기에 문을 열었던 업체들 가운데 중구의 성남동,

우정동에 남아있는 업체는 극소수이다. 아직까지 노년인데도 장년의 왕성한 건강을 유지하며 제자리를 지키는 대신인쇄, 대한종합인쇄와 같은 열정적인 분들이 있어 중구의 인쇄업은, 아니 울산의 인쇄업은 매우 희망적이며, 새로운 문화 창달에 앞장서 갈 것으로 예견된다.

이들은 내일의 지평을 열기 위해 문화지, 문학지, 향토자료집 등을 발간하여 침체된 인쇄문화를 꽃피우는 지킴이들이기 때문이다.

유정만선(柳亭㒼蟬)

지난 시설 울산의 방어진에는 남목(南牧)목장이 있었다. 이곳에서 사육한 우량한 말들은 뱃길을 통해 좌수영, 우수영으로 보내었고, 때로는 한양까지도 보내졌다.

이곳에는 남목과 북목(장기군)을 관리하는 감목관이 상주했고 이들은 조정에서 칙명을 받고 내려온 관리였다. 비록 말직이긴 하나 사복부에서 직접 관리하는 기관으로 학문을 깨우친 문관 출신이 많았다. 감목관은 업무 수행차 말을 타고 목장관내를 시찰하다 때로는 시를 읊기도 하고, 잠시 머무는 주막에서는 지방 문사들과 고담준론을 주고받기도 했다. 이들은 수려한 자연 경관을 풍미하는 혜안이 있어 지역 문사들과 남전시우회(藍田詩友會)를 조직하고, 동면팔경을 만들었다. 그 가운데 제3경이 유정만선이다.

유정만선은 냇물이 맑게 흐르는 옥류천 가에 울창하게 자란 미루나무 아래 원두막을 만들고 그곳에 앉아 듣는 매미소리의 절창을 읊은 경관이다. 찌는 듯한 여름 한나절 막 영그는 벼 이삭을 먹이를 찾아 허겁지게 달려드는 참새 떼를 쫓으려고 원두막에 앉았으면 설핏 잠결에 빠진다. 순간 심술을 부리듯 맴맴! 울어대는 선련(蟬聯)에 화들짝 놀라 깨어나면 나른한 한낮이 지나간다. 문득 어디선가 불어온 바람결에 수를 헤아릴 수 없는 미루나무 잎새들은 하늘 높이 떠가는 흰 구름 향해 도래질을 치며 손을 흔든다. 가지마다 높게, 혹은 낮게 앉은 매미들은 송별이라도 하듯 노래를 부른다. 비록 선잠은 달아냈지만 나뭇등걸에 얼기설기 기대어 맨 정자는 한여름 더위를 잊는 최상의 휴식처이고 자지러진 만선(滿蟬)을 듣는 여유로운 공간이었다.

사실 매미의 일생은 아주 짧다. 여름에 잠시 왔다 짝을 찾아 열창을 하다 15~20일 정도 살다 죽는 곤충이다. 짝짓기를 하기 위해 수컷은 천적을 두려워하지 않고 최고의 진동으로 소리를 지른다. '나 여기 있어, 사랑하고 싶은 그대여 어서 나에게로 오라'고 소프라노로 외쳐댄다. 매미소리를 가만히 듣고 있으면 제각기 소리가 다르다. 참매미는 오전 나절에 울고, 말매미는 한낮에 귀가 따갑도록 우렁차게 운다. 저녁나절엔 유지매미가 울고 모기 입이 삐뚤어진다는 처서가 지나고 늦가을까지는 털매미, 쓰름매미, 늦털매미가 물러서는 여름이 아쉬운 듯 운다.

날개 밑 부분의 진동막(tymbal)을 이용해 근육이 수축하면 안의 소리통에 충격음이 생겨나서 공명을 일으킨다. 대개 1초에 3~400번을 울린다니 놀랍기도 하다. 하지만 매미로 태어나기까지는 알에서 애벌레로 땅속에 살다 5~7년 동안 네 번 허물을 벗고 나무 위로 올라가서 선퇴(蟬退)를 남긴다.

그러나 매미의 오덕(五德)은 문, 청, 염, 검, 신(文, 淸, 廉, 儉, 信)이라 했다. 입이 두 줄로 뻗은 것은 선비의 늘어진 갓 끈을 상징하니 '학문'을 뜻하고, 평생 깨끗한 수액만 먹고 살기에 '맑음'이고, 곡식과 채소를 해치지 않으니 '염치'가 있고, 집을 짓지 않으니 '검소함'이 있고, 겨울이 오기 전에 제 때에 죽으니 '신의'가 있다는 오덕이다.

이런 매미의 생태를 알아서 '소쇄(瀟灑)한 귀공자 풍모'로 여겼다. 또한 매미의 오덕을 늘 염두에 두고 정사를 보란 뜻이기도 하다.

이제 가마솥 같은 무더위는 지나갔지만 올 여름 지옥처럼 더울 때는 지난 시절 선인들이 누렸던 유정만선이 더욱 절실하게 생각나는 피서법이기도 하다.

북엇국

어릴 때 고뿔이 들거나 몸살을 앓으면 어머니는 찬상 속에 갈무리 해 놓은 북어를 꺼내어 무국을 끓여주셨다. 시골에선 너나없이 생활이 궁핍해 특별히 감기 몸살에 필요한 상비약을 준비해둔 집도 없었으며, 마땅한 약재도 없었다. 최선의 방법이 시원한 맛이 나는 북엇국을 끓여 뜨겁게 한 그릇 먹으면, 그것이 최상이었고, 최고의 보약이었다.

며칠 전 남부지방에서도 눈이 내렸다. 눈 온 뒤라서 그런지 북쪽에서 내려온 찬바람이 사정없이 몸을 휘감았고, 별수 없이 감기에 걸렸다. 곧바로 약방을 찾아가서 알약, 물약 등 몇 가지 제조해 3일을 먹었으나, 영 효험이 없었다. 평소에 함께 어울리던 글벗에게 귀동냥한 것이 생각나서 생선탕을 맛있게 하는 향촌 식당을 찾았다.

"주인장, 생태탕 시원하게 한 그릇 끓여주세요."

"아이구 어쩌나, 요즘은 생태는 없고 대구탕으로 하세요."

생태가 없는 사연을 들어보니, 그도 그럴 듯싶었다. 이태 전인가? 후쿠시마 원전사태로 태평양 연안이 오염되어 전량 수입되는 일본산 명태가 수입금지 되었다고 했다. 사실 그랬다. 일본에서 들어오던 명태, 꽁치, 키조개를 비롯한 어패류가 전량 수입금지된 것을 잊고 있었다.

어릴 때는 동남해까지도 그렇게 많이 잡히던 명태가 멸종하다시피 한반도 연안에서 사라져서 북해도와 인접한 북한, 소련, 일본에 의해 수입산에 의지할 따름이다. 아직도 함경도 쪽 연안에서 많이 잡히므로 언젠가 중국 두만강 쪽 도문에 갔을 때 북한에서 올라온 북어가 산더미처럼 쌓인 것을 시장통에서 보았다.

명태는 찬 바다에 서식하는 회유성 어종이며 번식도 매우 빠르다. 그래서 우리의 전통 결혼식 때는 혼례상에 '다산'과 '재물'을 기원하며 명태를 올렸다. 명태라는 이름이 생긴 것은, 조선 후기 문신인 이유원의 임하필기(林下筆記)란 책에서 엿볼 수 있다. 인조 임금 때 함경도로 부임한 관찰사가 바닷가인 명천군(名川郡)에 들렀다. 점심 때 관아에서 식사를 하며, 여러 반찬 가운데 생선을 넣고, 끓인 국이 하도 시원하고 담백하여 일품이었다. 생선 이름을 물었으나 좌중은 물론이고, 주방에서 조리하는 사람도 잘 모른다고 했다. 고기를 잡은 어부의 성이 태(太)씨라 하여 명천군의 명 자와 태씨의 태 자를 따서 '명태'란 이름을 얻게 되었다. 이 외에도 한두 가지 예가 있으나 신빙성이 적다. 명태 속의 간유로 '어둠을 밝히는 생선'이란 뜻으로도 명태라 부른다고 한다.

이 명태는 예부터 우리 식탁에 많이 올랐고, 명태 알은 명란젓, 창자는 창난젓, 아가미는 아감젓을 담가 먹었다. 그리고 제사나 혼례용 음식으로 즐겨 먹기도 했다. 혼례상에는 다산(多産)을, 제사상에는 재운을 기원하는 뜻으로 사용했다. 이뿐만이 아니고, 마른 명태를 명주실에 감아서 상점이나 이사 간 집 문 위에 올려놓으면, 밤에도 부릅뜬 눈으로 귀신을 쫓는다고 했다. 명주실은 길게 실타래처럼 복이 오래도록 머물라는 의미가 담겨있다.

이런 명태가 지니는 이름도 다양하게 음식 재료로 쓰인다. 찌개로는 동태와 생태로, 찜으로는 황태로, 국으로는 북어로, 구이로는 노가리로 만드는 조리법도 다양하다. 갓 잡아 올린 것은 생태, 얼린 것은 동태, 말린 것은 북어로 구분된다. 또한 낚시로 잡은 것은 조태, 그물로 잡은 것은 망태, 봄에 잡은 것은 춘태, 가을에 잡은 것은 추태라고 부른다.

여기서 한 가지 더 알아둘 것은 북어는 바닷가에서 부는 바람에 빨리 건조한 것이다. 코다리는 북어와 같은 방법으로 말리지만, 수분을 조금 남겨두어서 피드기처럼 식감을 느끼게 한다. 황태는 눈이 오는 덕장에서 영하 10도 이하의 추운 곳에서 얼었다 녹았다를 반복한다. 이때 신경을 많이 써야 한다. 바람이 너무 불면 찐태가 되고, 너무 추우면 백태가 되고, 너무 따뜻하면 검게 변해 먹태가 된다. 그래서 황태를 만들 수 있는 곳이 강원도의 일부 지역에 한정되어 있다.

황태와 북어의 차이는 육질에 달려있다. 북어는 방망이로 두드렸을 때 가루가 날리지 않으나, 황태는 가루가 날릴 정도로 속살이 부드럽다. 이런 현상은 물의 상태변화 때문이다. 얼었다 녹는 반복 작용으로 황태살은 잘게 조직이 분해되어, 아주 부드러워져서 두들기면 가루로 변한다.

지난해에도 그러했고, 올해도 감기가 들고 몸살기가 돋으니 어릴 때 고뿔이 들면 어머니가 끓여주시던 북엇국이 간절하게 생각난다.

한국 최초의 포경선

지난날 고래잡이로 화려했던 울산의 장생포, 방어진 항은 고래잡이를 잊은 지 오래다. 1986년 고래잡이 금지령이 전 세계에 공표되면서 포경선들이 항구 깊숙이 닻을 내린 지 30년의 시간이 지났다.

세계2차 대전이 치열하던 1940년 초에는 군수용 기름과 식량을 조달하기 위해 일본 포경선단은 포획 마릿수 제한을 외면한 채 눈에 불을 켜고 무자비하게 고래잡이에 열을 올렸다. 하지만 결국 전략 면에서나 물자 면에서 거대한 미국 앞에 무릎을 꿇었다. 패전과 더불어 한반도에서 포경을 독식하던 일본인들은 한국 연안에 있던 모든 포경선과 그에 따른 가족과 자본, 기술, 장비 일체를 싣고 본국으로 도망치듯 한밤에 철수해 갔다.

단 한 척의 포경선도 없이 빈 항구는 갑자기 활기를 잃고 진종일 정적이 감돌았다. 그동안 포경선과 포경기지에서 일하던 하급 종사원들은 모두 한국인이었고 일본인들이 떠난 항구에는 부모 잃은 아이들처럼 갈 길을 잃고 실업자가 된 채 다른 대책이 없었다.

이들은 일본이 패전하리란 희미한 기대는 하고 있었지만 모든 활동이 갑자기 멈춰버릴 줄은 미처 생각하지 못했다. 장생포항과 방어진항에서 일해오던 포경회사 종사원들은 허망하고 무료하게 매일을 보냈다. 더러는 다른 직업을 찾아 떠나기도 하고 대다수의 사람들은 미련을 버리지 않고 그냥 항구에 남아있었다. 이러한 절망적인 여건 속에서도 희망의 길은 있었다.

일본 상고를 졸업한 후 조도전 대학에 진학하여 다니다 자신의 계획이 있어 포경업계에 몸을 담으려고 1937년 일본수산업(주)에 입사했던 김옥창이 있었다. 김옥창은 이 회사에서 열심히 일하면서 포경업에 대한 경험을 쌓았고, 일본 수산(주)이 일본해 양어업통제(주)로 개편된 후에도 계속 근무하면서 남빙양의 모선식 포경업조업에도 참여하였다. 또한 북태평양 조업에도 참여하여 행정과 실무양면에서 많은 경험과 지식을 축척하였기에 1945년 종전이 되면서 돌아온 조국 장생포와 방어진항에서의 미래는 절망적인 것은 아니었다.

약관 20대 후반이던 김옥창은 한국 포경업을 개척하리란 꿈을 가지고 일본으로 다시 들어가려고 계획을 세웠다. 이렇게 발 빠르게 행동한 것은 제주도와 흑산도의 포경기지 시설물들이 파괴되어 고철로 팔려나가고 있다는 소문이 돌았고, 한편으로는 일부 주민들의 주택보수를 위해 쓰여지고 있다는 소문을 들어서였다. 당시 울산은 삼산비행장 건물만 파괴되었을 뿐 아직 장생포, 방어진의 포경기지는 온전히 남아있었다. 조급해진 마음을 진정시키며 일본으로 함께 갈 인원들을 구성했다.

1945년 12월 중순경 '조선종업원자치위원회'를 만들고 위원 5명과 12톤의 혜비수환(惠比須丸)을 이용해 일본하관에 도착하여 일행은 배에서 기다리게 하고, 혼자서 동경의 일본수산주식회사를 방문하여 식목헌길(植木憲吉)을 만나 면담을 했다. 김옥창 자신과 일본수산(주)에 근무했던 한국인 종업원 전원 퇴직금 지불을 요청하고, 포경선의 판매를 요청했다. 그 당시 큰 포경선은 80㎜포경포를 장착한 100t급 배였고, 작은 배는 70㎜를 장착한 목선이었다.

김옥창은 소형 포경선인 정해환(征海丸)을 구입하려고

했다. 이 배는 구식 석탄 보일러선 100t급 2척을 사장과 친분이 있는 간부사원들을 설득해 승낙을 얻어냈다. 포경선 대금은 60여만 원인데 종업원 퇴직금 20여만 원과 본인이 받은 보험금과 한국, 일본에 있던 재산을 정리하여 완불했다.

조건은 7개항으로 합의했다.

제6정해환과 제7정해환을 폐선한다고 관계당국에 신고한다.

위 포경선 2척은 한국으로 회항하면 즉시 조업할 수 있도록 회사측이 완전 수리, 보수한다.

위 포경선은 구주 호전항(戶畑港)에서 인도한다.

1년 이상 사용할 수 있는 화약, 로프 등의 자재를 선박과 함께 인도한다.

선박의 가격은 회사 장부상의 가격으로 한다.

호전항에서 인도한 뒤에 발생하는 사고에 대해서는 회사측은 일체 책임지지 않는다.

선박의 인수인계 시기는 선박수리와 호전항으로의 회항을 고려하여 1946년 2월 이후로 한다.

7개항을 보고받은 식목헌길 사장은 실제 거래 가격은 3배에 달했으나 여러 가지를 감안하여 쾌히 승낙했다. 포경업에 생애를 걸고 살았던 그는 "만일 내 자신이 김 군의 입장과 같은 처지에 놓였다면 어떠했을까 하는 생각을 가져본다면 내 자신도 그와 같은 요구를 하는 입장이었을 것이다."라고 말하며 김옥창의 협상을 쉽게 들어주었다. 그는 종전의 와중에서도 존경할 만한 양심 있는 수산업의 대가였다.

천신만고 끝에 1946년 2월 먼저 인수받은 제7정해환이 만국기를 달고 뱃고동 울리며 장생포 항구에 입항할 때는 수많은 종사자들과 장생포 사람들에게 환영의 박수를 받았다. 그동안 비아냥거리던 일부 인사들도 포경선의 입항을 보고 "이제 정말 고래를 잡게 되었구나." 하며 인식을 달리 했다. 이로써 한국인이 소유한 최초의 포경선이고, 현대식 고래잡이 한국의 시초였다.

(2011. 11)

우정과 신의

경남수필문학회와 인연을 맺은 지가 올해로 30년에 이른다. 처음 인연을 맺게 한 문우들은 그대로 회원으로 건재하고 있다. 전국 수필모임인 대표 에세이문학회의 정목일, 최문석 회원들의 인연으로 입회하여 그때 회장을 맡고 있었던 신일수 형과는 호형호제하며 지냈고, 황소부, 허학수, 최문석, 서현복 회원들은 동시대 선후배로 혹은 고교 동창으로, 또한 여성회원들과도 각별하게 문정을 나누며 격의 없이 지내왔다.

달마다 진주에 갈 때가 다가오면 공연히 기다려지는 마음은 설렜다. 차를 몰고 한달음에 달려 진주에 닿아 남강다리 위에 서면 차창 넘어오는 바람살은 싱그럽고 상쾌했다. 우거진 대숲과 강변의 키 낮은 버들과 이름 모를 풀

꽃들의 향기가 폐부 깊숙이 스며들었고 낯선 길손을 반갑게 맞아주듯 늘어진 실버들이 머리채 흔들며 반가운 인사를 했다.

남강의 바람은 싱그러웠고 들리는 새들의 노랫소리는 다감한 진주 회원들의 목소리 같았다. 그립고 기다려졌던 마음의 향기가 그곳에 있음을 느꼈을 땐 순간 행복감이 온 전신을 휩싸고 목젖까지 차오른 뜨거운 정감은 노래라도 부르고 싶었다. 그동안 서로의 손길마다 닿았던 따뜻한 교분이, 귓가에 스치던 "잘 와요. 조심해 가세요." 했던 말 한마디들이 저 깊숙한 곳에서 분수처럼 터질 듯 차오른다. 헌데, 그 여리고 순수하고 따뜻한 미소와 속삭임은 언제부터인가 냉랭한 얼음조각같이 느껴지며 인정과 신의는 시궁창에서 나는 쉰내처럼 퀴퀴하게 느껴진다고 생각이 들었을 땐 모든 것을 한꺼번에 다 잃은 것 같이 억장이 무너졌다. 왜 그 해맑은 미소, 아랫목 같이 따뜻하고 다정하던 음성은 숙성되지 못하고 부패되었을까? 생각할수록 안타깝고 절망감이 앞선다.

세월이 바뀌놓은 물질만능, 배금주의가 순수 수필문학마저 오염시켜 놓은 것이 너무 분하고 안타깝고 억울하다.

내 남은 생애에 다시 예같이 향그런 남강의 인정이 깃

든 바람을 다시 쐴 수 있을까? 아마도 어려운 일이 아닐까 싶은 생각에 이르니 격한 슬픔이 눈시울을 적시며 앞이 몽롱해진다.

스스로 마음을 추슬러 이러면 안 된다고 독려하며 굳은 신의와 절개로 살아 온 옛 선비 생각에 기대 본다.

공자의 삼강오륜 가운데 붕우유신(朋友有信)이란 대목이 있다. 친구 간의 우정과 신의를 중히 여기는 대목이다.

오늘날처럼 친구에 대한 우정이나 믿음을 헌신짝같이 내버리지 않고 지난날에는 친구간의 믿음과 신의를 목숨보다 소중히 여겼다. 그래서 우정과 믿음은 단기간에 어우러지는 것이 아니었고 오랜 기간 동안 우정을 쌓아 믿음을 갖게 되고 신의를 가졌다. 결코 우정의 마음 그릇에 쉽사리 믿음을 담는 게 아니었던가 싶다. 그래서 믿음은 서로의 굳은 신의로 목숨과도 같은 것으로 중히 여겨왔다. 그 대표적인 인물이 한음과 오성이지만 그에 못잖게 둔촌 이집(李集 1327~1387)과 천곡 최원도(崔元道: ?~?)의 우정은 초등학교 4학년 '생활의 길잡이'에 실릴 만큼 유명한 고려시대의 실화이다.

경북 영천의 북안면 도유리에 가면 광주 이씨 시조인 이당(李唐)의 묘가 있다. 이곳에 가면 둔촌과 천곡의 지극

한 우정을 엿볼 수가 있다. 이 두 사람은 과거 시험에 응시한 동기생으로 시작된다. 고려 말 신돈(辛旽: ?~1371)이 왕을 대신해 권력을 좌지우지 할 당시 정몽주, 이색과 같은 고려 충신들과 교류하던 둔촌은 신돈의 전횡에 혐오를 느끼고 아버지 이당을 모시고 영천으로 피신해 은신한다. 둔촌이 영천 고을에는 아무런 연고가 없으나 무작정 내려온 것은 과거 시험장에서 만난 친구 천곡이 영천에 살았기 때문이다. 천곡은 벼슬을 사양하고 일찍이 낙향하여 영천에 은거하고 있었다. 둔촌은 낮에 아버지를 모시고 천곡의 집을 찾아가서 사정을 이야기하고 숨겨줄 것을 당부하였으나 일언지하에 거절당하고 만다. 형세가 급해진 둔촌은 아버지를 모시고 곧바로 인근의 숲속으로 몸을 피했다. 태산같이 믿었던 친구에게 거절당한 둔촌은 분하고 야속했지만 어쩔 도리가 없었다. 분을 삭이며 날이 저물기를 기다렸다가 밤을 이용해 다시 천곡을 찾아갔다. 아무렴 그 동안의 우정을 생각하면 쉽사리 거절하지 않으리란 믿음 때문이었다. 다시 찾아온 둔촌을 천곡은 조금도 미뭇거림 없이 다락방에 부자를 기꺼이 숨겨주었다. 천곡이 낮에 둔촌 부자를 내친 것은 행여나 누군가 엿보지 않을까 싶은 불안감에서 눈을 피하기 위해서였던 것이다.

이렇게 목숨을 건 은둔 생활이 언제까지 지속되어 갈지 예측할 수가 없었다. 만일 발각되는 날이면 집안은 멸문지화를 당하게 되고 자신도 죽임을 면치 못하기 때문에 시간이 흐를수록 불안감과 초조는 극에 달했다. 천곡은 이 사실을 부인과 종들에게도 숨겼다. 그러던 어느 날 끝내 여종 제비(燕娥)가 이 사실을 알았다. 천곡은 제비에게 이 사실을 그 누구에게도 알리면 아니 된다고 신신당부했다. 하지만 제비는 비밀을 지킬 자신이 없었다. 원래 입은 자신도 모르게 발설하기 마련이므로 제비는 주인의 목숨을 지키기 위해 스스로 혀를 깨물고 자결했다. 주인을 위해 목숨을 끊은 고귀한 신념은 그 무엇과도 바꿀 수 없는 귀한 것이다. 노비의 목숨이 아무리 하잘것없다 해도 제비의 죽음은 특별한 의미를 갖게 한다. 지금까지도 천곡 집안에서는 제비의 제사를 지내고 있기에 더욱 그러하다. 또한 제비의 묘소도 '연아총(燕娥塚)'으로 돌비석에 새겨 둔촌의 아버지 이당(李唐)의 묘소 바로 곁에 묻었다.

이당은 다섯 명의 아들 중 둘째인 둔촌 이집과 함께 숨어 지내다 끝내 고향으로 돌아가지 못하고 죽었다. 둔촌은 아버지의 시신을 모시고 고향으로 돌아가야 했지만 남의 눈 때문에 그러지를 못했다. 생각다 못한 천곡은 어머니

산소 아래 묻힐 자신의 묏자릴 내어주었다. 그래서 이당의 묘소가 영천의 북안면 현재 자리에 남게 되었다.

후일 신돈이 죽자 둔촌은 개경으로 떠났다. 떠나는 둔촌에게 천곡은 친구로서 시 한 편을 남겼다.

울분과 슬픔으로 눈물이 옷깃을 적시고
집 떠나 헤매면서도 효성은 간절해서 저승까지 다달았네
한산 땅(서울)은 멀고멀어 구름 안개에 막혀있고
나현 땅(영천)은 돌아서 풀과 나무가 깊구나
하늘이 앞뒤로 두 무덤을 점지했으니
누가 그대와 나 두 사람의 마음을 알겠는가
바라건대 세세로 길이길이 이와 같이 해서
모름지기 정을 주고받아 쇠라도 끊게 하세나.

천곡의 시는 어쩌면 나에게 주는 메시지 같은 느낌이 들기도 한다. 둔촌과 천곡의 생사를 초월한 우정에 마음 추스르며 깊이 회한에 빠져든다. 왜 나에게는 이러한 우정과 신의로 맺어진 친구(회원)는 없을까? 자학하며 이럴까? 저럴까? 갈피를 잡지 못하고 주체할 수 없이 실망감이 노도처럼 밀려들어서 깊은 시름에 빠져든다.

(2016. 12)

산학(産學)을 잘하는 민족

산수를 잘 못해 초중고 때 시험을 치면 늘 꼴찌에 머물렀다. 동생들은 선친을 닮아 수학을 잘 하는 편이었다.

선친은 어판장에서 해산물이 경매를 시작하면 남보다 앞서 가격을 매겼다. 손가락 끝으로 무릎에 셈을 암산하여 다른 사람들보다 먼저 가격을 매겼다. 상대 경쟁자들은 생선 마리당 가격을 일일이 주판알을 튕기거나 수첩에 셈을 했기 때문에 암산보다 훨씬 늦었다. 그래서 마을 사람들은 "한상(씨)은 머리가 좋고 셈 능력이 빠르다."며 '산수박사'란 칭호로 부르곤 했다.

지금 세계는 무한 경쟁시대이다. 모든 분야에 수학이 적용되지 않는 것이 없을 만큼 수학은 각 분야에서 절대적인 강세이다. 미국의 세계적인 기업들에는 수학천재들이 많이 모여 든다고 한다. 수학이 미래의 국가경쟁력의 대세이기 때문이다. 수학의 천재들은 인도인들이 가장 많다고 하니 놀라운 일이다. 인도의 한 수학 명문대학은 입학하려는 내국인들로 수백 대 일의 경쟁을 거쳐야만 입학할 수 있다고 한다. 이렇게 천재들이 모이는 학교를 졸업하면 인생의 미래는 파라다이스처럼 펼쳐진다니 명문대학을 선호할 만하다.

산학 즉, 수학은 오래전부터 우리나라에도 있었다. 농사짓고 세금 매길 때 썼던 산학이 있었다. 삼국시대 신라에는 '구장산술(九章算術)'을 가르쳤다. 또한 고구려와 백제는 구구단으로 곱셈 수학 전문직 산학박사도 선발했다. 조선 초기에 와서는 세종 때 산학이 모든 일의 기초라 여기고 '계몽산법'으로 수학공부에 힘을 썼다.

구장산술은 모두 9장으로 나누어져 총 264개의 다양한 주제로 문제를 풀어나갔다. 그 1장은 평면 기하와 기초 분수, 2장은 농산물 이용 계산, 3장은 등자등비 급수 차등 비율, 4장은 제곱과 세제곱근, 5장은 입체도형과 토목공사, 6장은 진, 한나라 시대의 공평과세, 7장은 영부족(기란산법), 8장은 연립방정식, 9장은 피타고라스의 정리였다.

조선시대 때 세종 이후로 만들어진 '구수략'은 해외 수학계에서 2007년에 인정을 받았고, '구일집'은 정원을 정육면체로 깎아서 만들려면 구입질 산법을 인용했음을 중국의 최고 수학자도 인정했다. 또한 '주해수용'은 천문과 음악 등 여러 주제로 다루었고, '구장술해'는 중국의 구장산술을 알기 쉽게 풀이한 책이다.

백제와 고구려에서도 신라 못잖게 수의 개념이 밝아서 간단한 계선방법, 법칙 등을 통틀어 산술(算術)이라 칭했다. 이 같은 사실은 백제의 목간뿐만 아니라 고구려의 광개토대왕릉비에도 구구단에 의한 숫자 표지가 등장했다. 이것이 당시로선 동아시아 전통적으로 수의 개념이었다.

산학에 관한 문헌상 기록은 삼국사기 통일신라 부분의 "산학박사 또는 조교 한 사람 '철경' '삼개' '구장' '육장'을 가르치게 한다."는 대목이 있다. 통일신라 성덕왕 때인 717년부터 나라의 교육기관인 국학에 산학을 가르치는 교수인 산학박사를 두고 학생들에게 산학, 산술을 가르치게 했다. 고려시대를 이어진 산학박사제도는 국립교육기관인 국자감에서 산학박사가 소속돼 산학을 가르쳤다. 기술직 관리를 뽑은 과거시험인 잡과 시험 중에는 계산 문제가 출제되는 명산업이란 시험이 있었다. 이 시험으로 산원이란 회계 전담 관리를 뽑아서 여러 관청에 나누어 배속되어 나라 살림을 기록해 정확한 관리 업무를 도왔다. 이 제도는 조선시대까지 이어졌고 세종은 「상명산법」, 「양휘산법」, 「계몽산법」이란 책 세 권을 만들었다. 세종은 계몽산법을 배우는데 부제학 정인지가 들어온 앞에서 "산수를 배우는 것이 임금에게는 필요가 없을 듯하나, 이것도 성인이 제정한 것이므로 나는 이것을 알고자 한다."고 했다. 세종대왕은 모든 일의 바탕에 수학이 있다고 여겨 수학을 매우 중요시했다. 이는 곧 하늘에 뜬 해와 달의 움직임을 헤아려 농사를 짓는데도 수학을 응용한 때문이었다. 세종대왕은 이러한 수학을 "산학은 국가에 중요하니 수학을 익히는 좋은 방법을 의논하여 아뢰라."는 명을 내리기도 했다.

이러한 조선의 산법들은 그동안 중국에서 유래한 것들을 토대로 응용했지만 16세기(1600년대)에는 수학자 경선징에 의해 『묵시집산법』이란 책을 만들었다. 이후 조선시대에는 여러 권의 독자적인 수학책이 편찬되었다. 숙종 때 활약한 최석정은 중국 수학자들을 놀라게 한 천재였다. 여덟 번에 걸쳐 영의정을 지내며 『구수략』이란 수학책을 만들었다. 당시 최석정과 쌍벽을 이룬 홍정하는 『구일집』을 남겼다. 조선의 산학을 높은 경지로 끌어올렸다.

200년 뒤 1800년대는 중인 출신인 이상혁이 『차근몽구』 등을 지었다. 당시 이상혁과 함께 연구한 남병길은 구장산술을 풀이한 『구장술래』와 직사형에 관한 문제를 푸는 『유시구고술요도해』를 편찬하기도 했다. 이같이 삼국시대부터 조선 후기까지 조상들의 수학 실력은 뛰어났다.

지난달 교육부에서 2016년 업무계획에서 새해를 맞아 발표한 내용이 있었다. 전국 중학생 160만 가운데 약 18%인 28만 명 정도가 수학을 포기한 학생들이라고 했다. 이들을 10% 수준까지 줄인다는 계획이다. 이런 교육부의 발표를 보면서 무릎에서 손가락 끝으로 암산하던 선친의 모습이 연상된다. 조상들이 피땀으로 가꿔놓은 수학을 더욱 소중히 하여 세계 제일의 산학을 잘하는 민족으로 거듭 태어났으면 좋으련만.

(2016. 3)

우리 역사 다시보기

"자기 나라의 역사를 모르는 민족은 눈 뜬 장님이다."

서양의 양식 있는 어떤 학자가 했던 말로 기억한다. 긍정적인 말이다. 현재 우리나라에서는 한동안 제나라 역사도 가르치지 않았다. 이 시기에 자란 세대들은 눈 뜬 장님일 수밖에 없다.

초등학교 때 우리나라 역사를 배웠고, 중학교 때는 이웃나라, 고등학교 시절은 먼 나라 역사를 배웠다. 그런 교육정책으로 60~70대 이상 되는 노년층은 고대, 근대세계사의 흐름은 대충이라도 짐작할 수 있었다.

하지만 역사를 접해보지 않은 세대는 과거로부터 오늘날의 세계가 어떻게 돌아가는 사정도 가늠하기가 쉽지 않다.

우리가 배웠던 역사도 선생님들은 오천년을 이어온 단

군조선이라 했다. 오천년의 역사 가운데 삼한시대, 삼국시대를 통틀어도 이천사오백년에 머문다. 그 이상의 오천년 연대를 짚어보기란 어려웠다.

어쩌다 궁금증이 더 해져 선생님에게 묻기라도 한다면 그 정도만 알면 된다고 했다. 선생님도 마한, 진한, 변한 그 윗대는 그냥 고조선시대라고 했다. 그래서 어릴 때부터 늘 목마른 아이처럼 우리 역사를 바로 알려고 애써왔다.

사실 우리 민족은 한민족(한겨레), 혹은 배달민족이라 말한다. 그 어원은 훗날 어른이 되고 고조선사를 새롭게 접하면서 의문이 풀렸다. 우리 민족은 오천년을 이어온 민족이 아니라 훨씬 더 높은 일만 년(구천수백 년)을 이어온 동의족의 뿌리가 밝혀졌다.

그것은 1980년대 초 중국 내몽고의 홍산 유적이 발굴되면서 찬란한 동방의 선진문화국이 있었음이 세상에 드러났다. 땅속에 묻혔던 용봉문양을 새긴 돌무덤은 전 세계 고고학계를 경악케 했다.

그 뒤로 발표된 한반도에 자리 잡은 한겨레(훈가리족: 동의족)는 환국(桓國)의 후예임을 증명하게 되었다. 환국은 배달(倍達: 신시)을 거쳐 고조선(단군조선)으로 이어졌고, 고조선의 단군은 일본학계에 의해 신화로 변조되었다.

올바른 한국사 체계는 환국, 배달국, 단군조선, 북부여(열국시대), 고구려(사국시대)이다.

그러나 중국과 일본 역사학자들의 변조로 단군조선, 기자조선, 위만조선, 한사군, 연맹왕국이라 했다. 이 작업은 중화의 사관을 쓴 사마천의 사기에 의해 중국학자인 반고(班固: CE32~92)와 결탁하여 만들어낸 위증인 것이다.

사실 단군조선은 2096년 동안 마흔일곱 분의 단군 치세에 관해서는 일언반구도 논하지 않고 있다. 오늘의 우리들은 단군조선의 실체를 전혀 모르고 사라왔나. 단군뿐만이 아니고 단군왕검이나 번조선의 준왕, 환웅에 관해서도 잘 모르고 지냈다.

먼저 단군부터 살펴보자. 우리 겨레의 시조로 섬기는 분은 지금부터라도 단제(帝: 현재 단군이라 칭하고 있음)로 불러야 한다. 단제에 관한 칠언절구는 훗날 설악산의 울산바위에 새겨져 있다.

단제의 무진년 전 세상에 태어나서(先生檀武辰歲)
기자조선 보고 마한을 호령했네(眼及箕王號馬韓)
봄이면 술 마시며 인간사에 머물렀네(又際春酒帶人間)

이 글은 세조 때의 생육신 남효온(南孝溫)공과 가깝던 광진자(狂眞子) 소총(篠叢)이라는 홍유손(洪裕孫)공이 금강산 구경을 하고 돌아오면서 이곳에 써놓았던 칠언절구이다.

이 글은 남효온 공의 『금강산록』과 지은이의 문집 『소총유고』와 어우당(於于堂), 유몽인(柳夢寅) 공의 『어우야담집』에 실려 전해온다. 홍유손은 육백여 년 전에 '단군'을 '단제'라 국조를 높여 부르며 모셨다.

그러나 이런 기록이 있음에도 지금까지 철저히 외면당하면서 시조가 '단군'이라고 불리고 있다. 사대사상과 식민사상에서 아직 깨어나지 못하고 있는 배달겨레가 안타깝게 여겨진다.

단제(단군)의 훈교인 홍익인간(弘益人間), 제세이화(濟世理化) 정신을 실천하면서 계승해 나아가는 문화민족이 되어야 마땅하다. 슬기로운 예지와 문명을 숭상하는 홍익인간으로서 세계 속에 새로운 번영의 등불을 밝히려한다. 단제의 자손인 동이족. 민족의 뿌리는 유구한 일만 년의 긴 역사를 자랑한다.

세계사의 빛을 밝힌 서구문명의 선구자 동이족은 수메르문명을 이룩하게 한 지혜로운 민족이었다.

수메르 문명은 BC 3500년경에는 도시국가로 이루어진 성숙한 고대문명으로 발전했다. 티그리스와 유프라테스 두 강 사이의 땅에 20개에 달하는 도시국가를 세웠다.

도도히 흐르는 강물의 물줄기를 돌려놓듯 일천구백십년 조선을 침탈한 일제의 이등박문은 우리의 역사를 왜곡하려고 간악한 일을 저질렀다.

동경제국대학 사학과를 수석 졸업한 이마니시 류를 시켜 우리 역사의 흐름을 바꿔놓았다. 그 대표적인 예가 '환국(桓國)'을 '환인(桓因)'으로 바꿔 버렸다.

그가 돈으로 매수한 조선학자들 보임인 '조선편수회'원들을 시켜 우리 역사를 이천삼백 년(삼한, 삼국)으로 둔갑시켜 놓았다. 단군의 아들 환웅이 굴 속에서 마늘을 먹고 범과 곰이 백일을 지낸 후 환웅을 낳았다는 날조된 역사를 만들었으니 통탄할 일이다. 한 나라의 이름을 한 인간으로 전락시켰으니 그 치욕스러움을 어디에 비할 수 있으랴.

우리의 국조를 '단군'으로 낮춰 부른 것이 고려 충렬왕 때 일연(一然: 3539~3622)의 『삼국유사』와 이승휴(李承休: 3557~3633)의 『제왕운기(帝王韻紀)』에서 비롯되었다고 최강현(홍대문과대학장)은 말한다.

일연은 고기에서 인용했나면서 단군으로 쓰고 이승휴는 출전 없이 썼다. 문제는 '단'자가 아닌 '군'자에 있다. 두 사람은 당시의 국제적으로 나라 위상이 원나라의 천자를 섬겼던 제후국으로 '단군'이라 불렀다고 풀이했다. 이후 중국과 일본 역사학자들은 호기를 만난 듯 이 기록들을 근거로 '단군'으로 못 박았다.

지금부터라도 늦지 않다. 국조 '단군'을 '단제'로 받들어 모시면서 홍익인간과 제세이화를 실천해 나가면서 세계를 주도하는 대한민국이 되어야 한다.

제주의 신화

바람 많고, 돌 많고, 여자 많은 '삼다도(三多島)'란 말은 이제는 옛말이다. 그토록 많던 돌과 여자는 줄어들고 거센 바람은 여전하다.

제주의 돌과 여자는 이제는 문화재가 될 만큼 희귀하다. 딸을 낳으면 내남없이 물질을 시켰던 여자는 세월의 뒤안으로 사라지고, 나이 많은 할머니 해녀들만 손에 꼽을 정도로 남았다. 그 많던 여자들은 육지 각처로, 해외로 떠나고 원주민들은 소수에 불과하다. 또한 지천으로 널렸던 돌멩이 화산암도 지금은 건축자재, 담장 쌓기, 각종 조각 재료, 생활도구(맷돌, 절구)로 많이 쓰이면서 희귀한 산물로 대접 받는다. 이렇듯 제주의 삶터는 시대에 따라 변천해 왔다.

거칠게 몰아치는 해풍과 싸우면서 삶을 일구어온 제주

인들은 어느 도민보다도 아니 어느 민족보다도 강인한 의지를 가지고 있다. 그렇기에 그토록 험난하고 사나운 바다 속에 뛰어든 해녀들이 가정을 이끌며 자녀들을 양육해 왔다. 세상에서 가장 존경스럽고 위대한 여인과 어머니라면 제주의 해녀라고 숨김없이 말하고 싶다. 거친 환경 속에서도 굽히지 않고 생활을 다스려 온 제주인들에겐 전설과 신화도 많고 받드는 신도 많다. 여러 신화 가운데 '제주 여성역사 문화 전시관'에는 자미로운 이야기가 있다니 학예사에게 귀를 기울여본다.

제주의 창조신 '설문대할망'에 관한 이야기도 있고, '가믄장아기'는 딸을 셋 가진 가난한 집 막내딸로 태어났다. 어릴 때 부모가 나무바가지를 들고 다니며 이집 저집 문전을 기웃거리며 동냥을 얻어서 키웠다. 하루는 어머니가 딸 셋에게 "너희는 누구 덕에 먹고 사냐."고 물었다. 첫째 딸과 둘째 딸은 "하늘과 땅, 부모 덕"이라 대답했다. 하지만 가믄장아기는 "하늘과 땅과 부모 덕분이기도 하나 내 배꼽 아래쪽 '선그믓'(음부 陰部)덕에 먹고, 입고, 행동한다."고 대답했다. 거침없이 성의 주체성을 주장한 가믄장아기는 화가 치민 부모에게서 쫓겨났다. 그 뒤 부모는 실명이 되면서 온갖 고난을 겪으며 거렁뱅이가 된다. 쫓겨난 가믄장아기는 천신만고를 겪고 거부가 되었다. 은연중 부모의 소식을 접한 가믄장아기는 거지 잔치를 열어서 찾아 온 부모와 재회를 했다.

이같이 섬 제주에는 당돌한 신화가 존재한다. 과문천식(寡聞淺識)한 탓인지 여성의 생식기에 대해 적나라한 신화는 다른 곳에서는 찾아보기 어렵다. 이런 신화와 풍속을 접한 외국인(미국, 독일)들은 이곳 제주를 '조선의 아마조네스'라고 표현했다.

척박하고 거친 현무암으로 이루어진 제주에는 1만 8천여 개의 신이 있다. 이 가운데 절반 이상이 여자를 모태로 한 신화이다. 생활의 근간을 이루는 것이 여성에 있다 보니 남자에 의존하기가 어려웠다. 하늘과 땅, 그리고 바다뿐인 제주에서 바다로 어업을 나간 남자들이 돌아오지 못하는 경우가 다반사였다. 그래서 운명적으로 남겨진 여자들이 삶을 이끌어야 했다. 거친 환경에서 자연스럽게 여자들은 물질하는 잠녀가 되었고 바다에 의지하여 살아가자면 신화가 절실했다. 그 신화는 생명과 직결된 풍요와 위로와 생산(분만)이었다. 여기에서 탄생한 여신이 '설문대할망'이며, '가믄장아기'이다.

프랑스의 사회학자인 질베르 뒤랑이 말했던가. '신화라는 것은 인간의 원초적인 상상력의 진정한 활동이며, 인간 정신활동의 보편적인 표현양식이다'고 했다. 신화관의 제주 창조신인 '설문대할망'과 '가믄장아기'에 대한 학예사의 긴 설명을 듣고서 개방된 제주 여인들의 성에 대한 의식을 다시 한 번 깨달을 수 있었다.

오늘날 제주에만 '가믄장아기'의 신화보다 더욱 절실하고 사실적인 가믄장아기는 전국 어느 곳에서나 신화가 아닌 현실로 존재한다. 이런 현실을 접할 때마다 왠지 마음이 무거워지고 부끄러운 얼굴을 감출 수가 없다.

(2016. 1)

4부

태화강 꽃밭을 거닐며

멸종에 이른 어종들

울산은 예부터 물산이 풍족하고 살기 좋은 고장이었다. 만곡이 발달한 해안선과 내륙 깊숙한 곳마다 농산물은 풍작을 이루었고, 해산물도 전국에서 최고를 기록할 만큼 어획량이 최상이었다.

그 실례를 들자면 염포만, 미포만, 개운포만을 비롯해 동북쪽으로는 정자만과 남서쪽으로는 서생포만이 있고, 태화강, 동천강, 회양강을 비롯해 하구가 발달한 천혜의 경관과 산물이 풍부했다.

현대중공업이 들어선 미포만은 우리나라의 멸치잡이 3대 어장 가운데 그 첫째로 꼽을 만큼 멸치 떼가 많이 찾아들었고, 그로 인한 어획량도 많았다. 이같이 어족 자원이 풍족했고 태화강 하류와 맞닿은 염포만은 길고 넓고

깊어서 고래의 서식지로 천혜의 해협이었다. 그래서 울산 앞바다에는 고래 떼가 많았고, 감포 앞바다에서 낙동강 하류의 가덕도까지가 고래가 가장 많이 나타나고 서식하는 곳으로 '극경회유해면(克鯨廻遊海面)'이라 칭했다. 그토록 많은 고래 떼가 놀던 바다에서 지금은 한국계 토종인 귀신고래와 대형 고래류는 한 마리도 찾아볼 수 없고 귀신 고래가 살았던 전설의 바다로 남았다. 이뿐이 아니다. 방어진항을 비롯한 각 포구마다 산더미 같이 주낙으로 잡았던 곱상어(상어 새끼)도 사라졌고, 온산 낭월포구를 비롯한 각처에서 잡혔던 참복, 밀복도 자취를 감춘 지 오래되었다. 그토록 많았던 대형 고래류를 비롯한 방어, 대구, 명태, 오징어, 대게는 다 어디로 가버렸을까? 왜 바다는 그대로 푸른 물결이 출렁이고 붉은 태양이 떠오르는 일상이 반복되건만 그 풍부하던 어종은 어디로 가고 멸종에 이르렀을까? 생각할수록 가슴이 먹먹해진다. 고래잡이에 종사했던 포수, 기관장에게 이야기를 들어보면 가슴을 치고 통탄할 일이다. 이들 스스로가 대형 고래류를 멸종시킨 장본인들이다. 고래 잡던 선원들의 이야기를 들어보면 망망대해에 고래를 발견하고 그 고래를 잡으려고 전속력으로 다가가 보면 암수 고래와 새끼 고래가 함께 유영을 하고 있다고 한다. 이럴 때 세 마리를 다 잡기 위해 가장 먼저 포를 겨누는 표적은 새끼 고래이다. 새끼 고래가 먼저 총을 맞고 피를 뿌리면, 암수 어미 고래는 새끼를 구출하려고 끝까지 곁을 맴돈다. 만일 수고래를 먼저 사냥하면 어미고래는 새끼고래를 데리고 천리만리 먼 바다로 도망치기 때문에 새끼고래부터 사냥해서 두 마리 세 마리 모두 포획하려고 하는 것이다. 이런 허황된 과욕 때문에 고래는 우리 연안에서 급속하게 멸종되었다. 어찌 멸종된 것이 고래뿐이랴! 꽁치, 상어류, 복어류, 대구류, 명태류, 정어리류도 모두 남획으로 인해 우리 곁에서 사라져 버렸다.

새해 벽두부터 어두운 기사를, 울산 매일신문 사설에 '정자 대게 씨가 마르도록 보고만 있어야 하나'란 기사를 보고서 이미 정자 대게는 멸종 상태에 처해 있음을 예측하고 있었다. 대게 멸종은 어민들이 자초한 결과이다. 수산청에서 암게는 잡지 못하게 한 규정을 어기고 마구잡이로 잡은 결과이다. 그동안 서해 연평도 백령도 해역에서 풍부하게 잡히던 꽃게가 현저하게 어획량이 줄었다는 보도는 매스컴을 통해 수차례 보았다. 멀지 않아서 '꽃게도 씨가 마르겠구나' 하는 생각이 들었다. 그것이 배타적 경제수역을 침범한 중국선단의 무분별한 남획이려니 생각했지만 어찌 원인이 중국 어선에만 국한되겠는가? 우리 어민들에게도 상당한 책임이 있다고 본다. 눈 속여 암게를 잡았고, 규제를 무시하고 눈속임으로 남획을 일삼았기에 그 결과는 어획량 급감이다. 얌체 어민들 때문에 이와 같은 어획량 감소가 두드러지게 반복되면 끝내 어민들의 생계가 막막해진다.

생각해 보면 가슴 아픈 일들이 한두 가지가 아니다. 1960년대까지만 해도 학교를 마치고 하굣길 구멍가게 앞에 내어놓고 파는 내세 한 마리는 세숫대야만큼 껍질이 컸고, 다리 하나를 싸서 요기를 채울 만큼 그 굵기가 대단했다. 갓난아기의 팔목 굵기로 길고 굵은 게 다리는 정말 속이 꽉 차서 먹을 게 많았다.

지금 정자 해변 대게 집 대게라고 파는 것은 대게(9㎝이상)가 아닌 지난 시절에 비하면 새끼 게에 불과하다. 적어도 대게로 못 박으려면, 뚜껑이 20㎝이상은 되어야 대게 반열에 들 수 있다.

아무리 관할청에서 단속을 강화한다 해도 여전히 불법 어획은 근절되지 않을 것이다. 지난해에도 알이 꽉 찬 대게 암게가 유통되고 있었으니 감시 감독은 눈 감고 아웅 식이다. 장생포를 비롯한 울산 전역에 공급되는 고래 고기도 밀포획자를 한두 차례 검거해 봤자 또 다시 밀포획은 자행되고 있으니 머지않아서 밍크고래 종마저 멸종에 이를 것이다. 포획이 금지된 고래를 포획하는 것은 그 포수들의 생계 수단이니 어쩔 수 없는 선택이리라. 때문에 그들에게 다른 생활 대책을 세워 자립하게 하고 사냥을 금지시키지 않으면 밍크고래의 한반도 연안 서식도 미래가 불투명하리라 예견된다. 고래든, 대게이든 올바른 대책을 강구해 어자원을 체계적으로 관리하지 않으면 단계적으로 다른 어종도 멸종에 이르게 될 것이다.

지금까지 멸종에 이른 어종도 많으나 앞으로는 대게에 이어서 각종 어패류, 연체류, 해조류도 뒤를 이어 멸종되어 후손들에게 물려줄 자원이 고갈될까 싶어 부끄러운 마음이 앞선다. 어민 한 사람 한 사람이 일시적인 이득보다는 내일을 위한 큰 계획을 세우고 모두가 규정을 지켜나갈 때 사라져 가는 어족은 다시 풍어를 기약하리라 믿는다.

(2017. 1)

배타적 경제수역

귀족생신이 많이 잡히는 황금시즌이다. 2012~13년에는 제주도에서 다랑어가 대량으로 잡혔다. 그동안 원양어업을 통해 어렵게 잡아오던 참치, 다랑어가 제주도 근해에서 황금어장을 이루니 어업인들은 신명이 절로 났다. 1미터가 넘는 참다랑어 한 마리의 가격은 비싼 편이다. 마리당 4~50만원이니 수백 수천 마리면 어깨가 으쓱하니 신바람이 날 지경이다. 이렇게 제주도 근해로 참다랑어를 비롯한 많은 어종들이 떼지어 몰려드는 것은 바닷물 온도 상승 때문이다. 이 어군(魚群)들이 어느 시기에 제주바다에서 사라질지는 알 수 없지만, 그때는 황금시즌을 이루었다

지난해 여름부터는 동해안 속초 앞바다에서 다랑어를

비롯한 방어, 부시리, 삼치 등이 많이 잡혀 서울의 대상들이 속초 쪽으로 몰려들었다. 명태, 오징어가 사라진 동해는 한 때 항구마다 어선들이 조업을 포기한 채 선착장에 닻을 내리고 뱃머리를 조아리고 있었다. 그러던 어느 시기 고급어종인 참치, 방어 떼가 무리를 이루고 찾아드니 하루아침에 활기를 되찾게 되었다. 이 모두가 기온 상승으로 인한 해수 온도 변화 때문이었다.

이뿐이 아니다. 그동안 한반도 연안에서 대구가 많이 잡히던 곳은 거제도와 통영항이었다. 그런데 이즈음 들어서는 포항에서도 대구 어획이 성황을 이루어서 어민들은 즐거운 비명이 자신도 모르게 터져 나온다고 했다.

사실 대구는 찬 바닷물에서 서식하는 어종이다. 대구를 비롯한 명태, 꽁치, 정어리 등이 따뜻한 물보다는 냉수대가 형성되는 해역에서 많이 잡힌다. 일찍부터 대구는 유럽을 비롯한 전세계인들의 최고 식품 중 하나였다.

대구의 가치를 가장 먼저 파악한 어부는 바이킹들이다. '트로발트'로 불리는 바이킹은 사람을 죽이고 노르웨이에서 쫓겨난 뱃사람인데, 아이슬란드를 개척한 해적이다. 그의 아들 '붉은 머리 에이리크(Erik the Red)'도 살인죄로 추방당해 그린란드를 개척했다. '트로발트'의 손자인 '레이

프 에이릭손'도 선대들의 뒤를 이어 새로운 땅을 목격했다는 소식을 듣고서 탐험을 떠났다. 고생 끝에 북아메리카 대륙의 핀란드에 도착했다. 아메리카 신대륙을 발견한 콜롬버스보다 먼저 아메리카 대륙에 도착한 사람이다. 바이킹들의 모험적이며 멀고 긴 항해를 가능하게 한 것은 바로 튼튼한 배와 말린 대구가 식량이 되었기 때문이다. 대구는 단백질이 풍부하고 지방질은 거의 없는 생선으로, 말리면 무게가 5분의 1로 줄어들어 오래도록 보관하기가 쉽다.

노르웨이, 아이슬란드, 그린란드, 아메리카 대륙 근처 바다는 물이 차가워서 찬물을 좋아하는 생선들이 많이 모여들어 황금어장을 이룬다. 그래서 일찍부터 바이킹의 항로가 대구 어장과 맞닿아 있음이 우연의 일치가 아니라 필연이었다.

유럽에서 16세기경엔 대구 어장을 선점하려고 뛰어든 탐험가들이 치열한 쟁탈전을 벌이기도 했다. 17세기로 들어서면서 영국에서 건너온 미국의 청교도들이 대 자본을 앞세워 포경(捕鯨)과 대구잡이로 일확천금을 벌어들이며 '대구귀족', '포경재벌'까지 등장했다. 18세기 산업혁명이 부흥하였고, 증기로 움직이는 대형 선박이 건조되면서 더욱 호황을 누렸다.

유럽의 주요 식량인 대구를 더 많이 잡기 위해 바다 밑바닥까지 훑으면서 씨를 말리는 저인망 어선이 등장했다. 점차 대구의 어획량은 줄어들고 그 많던 대구는 멸종위기에 처했다고 미국의 메인만 연구소는 밝히고 있다.

20세기에 들어오면서 위치 추적기를 단 탐지선도 만들어졌다. 여기에 냉동선도 뒤따르는 대형 선단이 무분별하게 남획하면서 대구는 머지않아 바다에서 아주 사라질 어종이 될 것이라고 전문가들은 우려하고 있다.

한때는 영국과 아이슬란드에서 대구잡이로 인한 전쟁이 세 번에 걸쳐 일어나 잠시 국교마저 중단되기도 했다. 1944년 덴마크에서 독립한 아이슬란드는 자원 빈곤으로 어업이 국민 전체의 생명줄이었다. 당시엔 바다의 경계가 불분명했고, 확실한 주인이 없었으므로 어선들의 분쟁이 끊임없이 일어났다. 서로 간의 주도권을 잡기 위해 포탄이 오가고 총을 쏘아 사상자가 속출했다. 이를 지켜보던 주변국들이 자기나라 근해 200해리(약 310킬로미터) 내에서는 자국민 외엔 조업을 할 수 없는 배타적 경제수역(Exclusive Economic Zone: EEZ) 제도를 만들었다.

지금은 북대서양의 여러 나라들이 대구잡이를 제한하고

치어(穉漁)를 방류해 개체 수를 늘리고 있다.

현재 우리 한반도의 실정은 더욱 심각하다. 김대중 대통령 때 일본과의 200해리 경제수역 협상에서 아주 불리하게 논의되어 독도 주변해역까지 공동 해리로 정해졌다. 38선 이북은 북한이 가로막고 제주도, 백령도, 연평도 주변은 중국 어선과 북한 어선의 남획으로 최악의 긴장상태이다.

이제 한반도 연근해에서 점차적으로 사라져가는 어종이 많은 실정이다. 귀신고래를 비롯한 내형고래류는 사라진지 오래이다. 뒤이어 수십 년 전부터 동해안에서 풍어를 누렸던 명태, 오징어, 곱상어, 정어리, 꽁치 등의 어종은 멸종상태에 이르렀다.

더 늦기 전에 싹쓸이해 가는 중국의 불법 선단을 쫓아내어야 한다. 또한 서해안 배타적 경제수역을 수시로 넘어오는 북한 꽃게잡이 어선들을 납포하여 우리의 해역을 굳건히 지켜나가야 한다. 그러면서 사라진 어종들을 복원해 다시 우리의 식탁에서 맛볼 수 있으리라는 희망을 가져야 한다

(2016. 1)

그곳에도 갈대꽃은 피었을까?

아침 8시 집을 나선다. 방어진 쪽으로 가려고 아산로로 차를 몰았다. 방어진 방향으로 나설 때는 늘 해안선이 긴 염포만이 좋아서 이 길을 이용한다.

태화강과 동천강이 만나는 하구에는 갈대가 무성하다. 곧게 자라서 보기 좋게 꽃을 피웠다. 무엇이 그리도 그리운지 한결같이 한 쪽 방향으로 고개를 숙인 채 기도하는 자세로 섰다. 문득 유영호 시인이 쓴 「갈대는 잠들지 않는다」는 시가 생각났다.

갈대는 목이 휘어져 있다
메카를 향하는 이슬람교도처럼
모두가 한 방향이다
버티면 부러진다는 걸 깨달아

어쩔 수 없이 고개 숙이지만
숨겨진 저항은 날카롭다/ 중략.

어쩌면 갈대에게 보내는 생각들이 동감일까? 무수히 꽃 핀 갈대가 싸늘한 가을바람에 일렁이는 풍경은 아름답다. 그보다 청둥오리를 비롯한 무수한 철새가 날아와서 물위에 놀고 있으니 더욱 장관이다. 물속에서 치어들을 잡아먹고 포만감을 갈대숲에서 휴식하며 긴 겨울을 이곳에서 보낸다.

겨울답지 않은 날씨는 바람도 멎어 물 위에 햇살이 은화처럼 반짝인다. 길게 뻗은 염포만 동쪽은 현대자동차가 자리 잡았고, 서쪽 해안은 삼성정밀(구비료공장), 현대케미칼, 5비료, 삼양사, 화력발전소 등이 자리 잡고 있다.

십수 년 전 이탈리아 고대 도시 폼페이에 갔을 때 소렌토 항구를 바라보았다. 황혼이 물든 바다는 찬란하게 황금빛으로 반짝였다. 어쩌면 오늘 아침 염포만의 아침 햇살이 은화처럼 반짝거림도 소렌토 항구보다 더욱 아름답게 느껴졌다.

갈대 숲 너머로 반짝이던 물결은 아산로가 끝나는 지점까지 따라오면서 젊은 날 원통에서 군 생활하던 시절을 떠올리게 했다.

소양강 상류로 오르면 금강산으로 이어지는 내륙의 비포장 길을 따라 가면 1372부대가 나온다. 원통면 천도리에 자리 잡은 부대에서 정훈(750) 업무를 보던 때이다. 전방부대 신병생활은 힘겹고 고달팠으나 그래도 위안 받을 수 있는 갈대가 무성한 강변이 있어서 다행스러웠다. 어쩌면 천도리의 군영복무기간은 젊은 날의 잊지 못할 추억이 깃든 곳이기도 하다.

육군사관학교를 나온 신참 소위가 전임 부대였던 사단에서 보급 장교로 이곳에 왔다. 그때나 지금이나 보급을 담당하는 부서는 장병들이 가장 선호하는 직책이었다. 군수품 가운데 군복, 군화, 식료품, 주류에 이르기까지 관할했으므로 인사과와 더불어 요직에 속했다. 새파랗게 젊은 장교는 이웃 마을인 원통리에서 순박한 산골 처녀와 사랑을 했다. 사랑이 깊어져서 처녀는 임신을 했고, 결혼 이야기에 겁먹은 장교는 얼마 지나서 춘천 쪽으로 발령을 받고 떠났다. 자리 잡는 대로 곧 데리러 오겠다던 그 소위는 감감무소식이었고, 나중에 수소문해 보니 부산으로 갔다고 했다. 떠난 사랑을 원망해도 소용없는 일, 그 해 가을에 남자아이를 분만한 산골 처녀는 소양강변을 자주 거닐며 남녘 하늘을 바라보며 눈물지었다. 그런 시간을 보내던 어느 날 저녁 외출해서 돌아오는 길, 강 언덕에서 돌아오는 한 여인과 마주쳤다. 그 여인의 손에는 활짝 핀 갈대꽃 한 뭉치가 들려있었다. 자연스럽게 다가선 나는 "내 고향 울산 태화강변에도 갈대가 무성하여 꽃이 필 때면 장관을 이룬다."고 했다. 말갛게 쳐다보는 눈매 고운 그녀와 강 언덕에 앉아서 가슴에 맺힌 상처받은 이야기를 들으며 어둠이 찾아들 때까지 이야기를 나누었다.

패기 차던 청춘 시절이었으니 자연스럽게 마음로 돌아들어 군인들의 휴식처이기도 한 위스키 시험장에서 밤늦도록 술을 마셨다. 아마도 그때 나누었던 이야기 속에 문학적인 이야기가 많았던 것 같다. 분명하게 기억되는 것은 괴테의 사랑이야기로, 사랑했던 연인 마리아 안네폰 빌레마에 관한 이야기였다.

'사랑하고 사랑 받았으므로 우린 행복하였노라.'

이 짧은 두 줄의 시는 숱한 시간이 지나도 아직도 독일의 고도인 하이델베르크의 이끼 낀 공원의 성벽에 새겨져 있다고 했다. 몇 잔의 위스키로 붉어진 얼굴엔 취기가 돌았다. 여인은 술 힘을 빌어선지 어깨에 머리를 기대며 볼을 타고 흐르는 눈물이 불빛에 이렀다.

뒷날 다시 늦은 오후에 강변에서 만난 여인은 어제와는

다른 밝은 모습으로 화사한 미소를 지었다. '남성과 여성의 차이가 이런 것이구나.' 속으로 느끼며 제법 멀리 걸었다. 강변에 핀 억새도 장관을 이루었으나 구절초, 들국화도 숱하게 피어나 싸늘해진 강바람에 손을 흔들었다.

"서정주 선생의 '국화 옆에서'를 한 번 낭송해 주세요."

주저하지 않고 읊었다.

> 한 송이 국화꽃을 피우기 위하여
> 봄부터 소쩍새는 그렇게 읊었나 보다
> 한 송이 국화꽃을 피우기 위해 천둥은 먹구름 속에서…
> 한 송이 국화꽃을 피우기 위해 간밤에는 무서리가 그렇게….

여인은 흐느끼고 있었다. 산골바람이 강변을 스치며 갈대꽃을 흔들어댔다.

염포산 터널을 빠져나오니 눈앞에는 거대한 중공업의 코레아스 크레인 키 너머로 대왕암 공원 푸른 숲이 더 없이 넓은 대양과 어깨를 견주었다.

한 시절 낭만과 사랑이 우쭐거렸던 강원도 산골 천도리. 금강산으로 오르는 소양강변, 예나 지금이나 그곳에도 갈대꽃은 피어있을까?

파사현정(破邪顯正)

이즈음 온 나라 안이 벌집을 쑤신 듯 소란스럽다. 사이비종교 교주의 딸 최순실과 박근혜 대통령의 국정개입 논란이 뜨겁기 때문이다.

40년 동안 자매처럼 맺은 인연으로 청와대 비밀문건이 최순실에게 유출되고 각종 이권개입의 비리로 인해 국민들의 분노가 들불처럼 번지고 있다. 이 난국을 수습하려면 검찰에 체포되어 조사를 받고 있는 최순실과 그 측근들은 스스로의 죄목을 숨김없이 털어놓아야 한다. 국민들이 납득할 수 있는 의혹들을 명백하게 밝힘으로써 혼란스러운 정국을 수습할 수가 있다. 물론 박 대통령도 최순실에 대한 명확한 입장을 가감 없이 털어놓아야만 성난 민심을 누그러뜨릴 수 있지 않을까 싶다.

대한민국의 헌정사를 뒤집어보면 역대 대통령들이 한결같이 불운한 일들을 겪었다. 이승만과 이기붕 자결, 박정희와 김재규 저격, 전두환과 노태우 구속, 김영삼과 김현철 비리, 김대중과 세 아들 비리, 노무현 자살, 이명박과 이상덕 구속, 박근혜와 최순실 국정개입 등 권력비리가 반복되고 있다.

미국 대통령의 4년 임기에 비해 우리나라는 5년이 임기기간이다. 이승만과 노태우 시기까지를 '힘이 지배하던 사회'였고, 민주화를 이룩한 이후 김영삼 정권부터 현재까지는 '법치사회'로 가고 있다. 하지만 여전히 권력은 힘이 지배하는 사회를 동경하듯 되돌아가려는 미련을 버리지 못하는 것 같다.

권력 뒤안에는 언제나 부정부패가 싹트기 십상이다. 조금만 방심하거나 틈이 생기면 독버섯같이 자란다. 이런 부정과 부패를 척결하려고 조선시대 때는 '분경금지법'이 생겨났다. 이는 조선 태종 때 실시되었다. 집안 일로 만나는 4촌 이내 친족 외 권세 높은 친척을 개인이 만나는 것을 금지하는 법이었다. 이즈음 말하는 '청탁금지법' 같은 것이다.

분경금지법은 조선 제2대 정종 임금(1333년)때 신하들에게 "모든 관리는· 34촌 내 가까운 친척을 제외한 자신보다 높은 벼슬에 있는 친척을 사사로이 만나지 말라."고 했다. 이 법은 정종의 뒤를 이은 태종이 실시했다. 분경(奔競)이란 말은 분추경리(奔趨競利), '분주히 쫓아다니며 이익을 추구한다'는 뜻이다. 다만 집안 일로 상의할 일이 있어 4촌 이내 친족은 만날 수 있게 했다. 또한 군사기밀을 논의하는 장수들은 예외로 했다.

성종 때에 와서는 이 법이 8촌까지 만날 수 있도록 완화되었다. 그러나 이 법을 어겼을 때에는 곤장을 쳐서 멀리 낙도로 유배를 보낼 만큼 엄격하게 형벌을 내렸다.

또한 관리들의 부정부패를 막기 위해서 상피제(相避制)를 실시했다. 상피제는 친척 사이인 관리들이 같은 관서에서 함께 있거나 친밀한 관계에 있는 관서에 근무하지 못하게 하는 제도였다. 이는 고려 선종 때 처음 실시되었으나 조선시대에 와서 전격적으로 시행되었다. 친족끼리 모여 부정부패를 저지르거나 부정한 권력을 남용하지 못하게 한 것이다.

조선시대 나라를 다스리는 법을 정리한 경국대전에는 원악향리(元惡鄕吏)란 법도 있었다. 조선 7대 세조 임금은 『경국대전』 편찬을 시작해 예종을 거쳐 성종이 1485년에 완료하고 이 법전을 따르도록 했다. 원악향리란 '고을 수

령을 부추겨 마음대로 권세를 부린 자', '몰래 뇌물을 받고 부역을 면해준 자', '세금을 받을 때 백성으로부터 수고비 등을 받은 자' 등을 규정하는 말이었다. 사악한 시골 향리를 처벌하는 항목이 『경국대전』에 명시되어 있었다.

또한 '장오죄'란 죄목도 있었다. 자신의 지위를 이용해 경제적인 이익을 취하는 자에게 장오죄를 적용했다. 이 죄를 범한 관리의 명단을 별도로 작성해 본인과 아들, 손자에 이르기까지 벼슬을 얻지 못하게 했다. 하지만 이처럼 명확하고 철저히 만들어진 법전대로 법과 제도들이 잘 시행되었을까가 의문스럽다.

조선 중기 이후, 후기에 와서는 외척, 세도정치가 만연하여 매관매직이 성행했으며 백성들에게는 가혹하게 세금을 거두어서 민란이 잦았다. 급기야 조선조 고종에 이르러 참다못한 군인들이 임오군란을 일으켜서 국정이 매우 혼란스러웠다.

예나 지금이나 백성의 원성이 하늘에 닿으면 왕은 왕권을 상실할 위기에 처한다. 지금의 현실이 자꾸만 조선시대의 혼란스러웠던 민비 외척 비리와 겹쳐지면서 마음이 편치 않다.

울산 태화루에 올라 더 넓은 광야에 펼쳐진 풍광을 보며 명시를 남겼던 점필제 김종직의 술회(述懷)란 시를 떠올리며 어지러운 심사를 추슬러본다.

인사고과 핵심은 전형에 달렸으니 어진 이가 어이해 안팎 천거 혐의하랴
열에 다섯 얻는대도 나라 보답 충분커늘 임금이 귀히 여김 어이해 헤이리라
열 손가락 가리킴을 삼가지 아니하면 남이 다시 물소 뿔 태워 우저 물가 비추리라
천균은 지엄하고 여론은 공변되니 대오가 입다물고 말 없다고 하지 마소

이 시는 조정의 인재 선발은 전형을 잘해 적임자를 채용하는데 달렸다는 깊은 의미를 담고 있다. 비록 등을 진 처지라 해도 나랏일을 위해서는 적대시하는 인물도 따로 없는 법이다. 왕의 총애를 믿고 권세를 도둑질함을 꾸짖는 내용이며, 인재 선발 기준이 임금의 총애에 달려서는 안 된다.

인사를 잘못해 만사를 그르쳐서는 더욱 안 될 일이다. 이미 엎질러진 물은 담을 수 없으나 그릇까지 깨트릴 수는 없는 일 아닌가. 이제라도 그릇된 생각을 떨쳐버리고 올바르게 처신함이 파사현정을 실천하는 것이 아닐는지.

(2017. 1)

노아의 방주

어릴 때 보았던 농작물이 지금은 많이 사라졌다. 토종 밀, 호밀, 지정, 차조, 수수, 율무, 양대, 강낭콩 등 숱하게 재배 되었던 품종들이 우리 곁을 떠났다. 그 자릴 메우듯이 새롭게 등장한 것이 검정쌀, 검은콩, 검은깨 등인데, 사라진 것에 비하면 절반도 못 미친다.

과거에 비해서 현대인의 식단이 많이 변한 것은 사실이다. 벼 수확량이 줄어서 쌀이 모자라던 시절은 먹을거리가 귀해 삼시 세 끼니에만 매달렸으나, 이즈음은 그렇지가 않다. 쌀에만 의존하던 구세대에 비해 신세대는 밀가루를 선호하여 쌀의 소비량이 많이 줄어들었다.

가령 쌀밥을 먹는다고 해도 여러 가지 잡곡(콩, 검은 쌀, 율무, 조 등)을 섞어 잡곡밥을 해 먹기에 쌀의 소비량이 매우 적어졌다. 모두가 배고픔을 채우기 위한 식사가 아니고, 건강을 위한 웰빙식이다.

지난 시절에는 어떻게 하면 배를 굶지 않을까 하며, 한 끼니의 식사를 걱정했지만, 지금은 그렇지가 않다. 어떻게 하면 건강을 지키는 음식을 먹을까 하는 걱정이다. 이처럼 세상이 다양하게 건강을 위한 식단문화로 바뀌었다.

뿐만 아니라, 생활의 수준도 훨씬 높아졌다. 이제 미래를 살아가는 인류에게 주식을 제공해줄 곡물류의 종이 줄어들고 있다는 식물학자들의 보고가 불안을 갖게 한다.

이와 같은 위기의식을 느낀 세계 각국의 식물학자들이 최근 우리나라 강원도 평창에서 제12차 '생물 다양성 협약 당사국 총회'가 열렸다. 총 160여 개국 대표단이 모여 생물 다양성 보전과 현명한 이용 등에 관해 논의했다. 생물 다양성이 파괴되면 궁극에는 인류의 생명을 위협하는 요인이 된다는 합의점에 모인 참가국 대표들은 인식을 같이 했다.

인류가 지구환경이 점차 오염 되어가는 심각한 상황을 생각하고서 적극적으로 보호해야할 때이다. 그래서 어느 때보다도 서둘러 '국제 종자 저장소'를 설립했다

이 저장소는 북극권에 있는 스발바르제도의 롱이어비엔

(Long Yearbyen)에 자리 잡았다. 이곳은 북극점과 1,300킬로미터 가량 떨어진 곳에 위치해 있다. 여객기가 정기적으로 오가는 최북단에 있는 마을이다.

지난 2008년부터 이 마을에는 전 세계의 다양한 식물의 씨앗을 보존하는 '국제 종자 저장소'가 설치되었다. 여기에 저장소가 세워진 것은 영구적인 동토층으로 지상층 온도가 연중 0도 이하이므로 산을 뚫어 만들었다. 내부 온도는 영하 18도로 항상 유지 시켜야 한다. 이런 저장시설을 갖춤으로서 지구 온난화가 심각한 상태에 이르러도 종자를 안전하게 보관할 수 있다.

유엔 식량 농업기구는 지난 100년간 곡물의 종 다양성이 75% 정도 떨어졌다고 보고했다. 2050년이 되면 지금 재배되는 작물의 구분의 일이 사라질 것이라 예고한다. 원래 곡물이나 과일의 품종은 수백 가지가 넘지만 농업이 기업화되고 세계화로 탈바꿈 하면서 점차 사람이 재배하기 쉬운 품종만 증식시켜 왔다.

이 때문에 이와 같은 현상이 초래되었다. 이 같은 결과로 인해 현재 재배되는 품종에 병충해와 질병이 발생하게 되면, 환경변화에 적응하지 못하는 품종은 곧바로 멸종위기를 면치 못하게 된다.

지금 세계 각국이 제공한 80여만 종의 씨앗을 무료로 국제 종자 저장소에 보관하고 있다. 이와 같은 품종보호는 인류의 미래를 위하고 생명보존을 위한 사전 대비책일 것이다.

어쩌면 새롭게 인류의 생존을 위협하는 '노아의 방주'를 연상하게 한다. 지난해이던가? 열대 지방에서 바나나에 전염병이 돌자 과학자들은 과민하게 바나나 멸종 가능성을 시사한 바 있다.

이런 현상은 바나나가 단일 품종으로 재배되어 유전적 다양성이 감소되었기 때문이기도 하다. 이와 같이 예측하기 어려운 종의 멸종 변화를 막기 위해서 국제 종자 저장소는 농업용 식물종자의 다양성을 유지하려고 최선을 다하고 있다.

더구나 기후 급변이나 홍수, 지진, 화산 폭발 같은 대재앙이 일어났을 때 세계 인류 멸망을 지키기 위해 새롭게 만들어진 기구가 '국제 종자 저장소'이다. 이 국제기구의 다른 별칭은 '최후의 날 저장소(Doomcaayvault)'라고도 부른다.

특히 곡물 종의 소멸은 심각한 문제로 받아 들여야 한다. 지금 우리 농촌에서도 점지 석으로 사라져간 곡물 품종을 많이 볼 수 있다. 강 건너 불 보듯 남의 일이 아닌 발

등에 불 떨어진 우리의 현실이 심각하다. 하루 빨리 사라진 곡물 종을 복원해야 하고, 후회 없는 미래를 대비해야 할 일이다. 그렇지 않으면 우리 미래의 삶이 빈국의 아프리카가 되지 말라는 법은 없을 것이다.

현재 우리나라 농촌진흥청이나 농촌지도소에서 다양한 농산물과 임산물을 품종개량, 신품종개발에 박차를 가하고 있으나, 미래를 위한 토종 품종 복원이 시급하다.

그중 가장 뼈아프게 후회스러운 멸종은 세계에서 가장 맛이 뛰어난 토종 밀의 멸종이다. 하루 빨리 잃어버린 옛 품종을 찾아 번영된 우리의 식생활에 행복을 되찾아야 한다. 이것이 내일에 있을 노아의 방주를 막는 길이다.

고운(孤雲)이 머문 농산정(籠山亭)

아래지방 경상도에서 예부터 자연경관이 빼어난 세 곳이 있다. 첫째는 홍류동천, 둘째는 운흥동천(雲興洞天), 셋째는 두문동천 밀양이다. 이곳에는 산이 높고 계곡이 깊어 속세와 떨어져 심신을 단련하고 귀를 씻는 물소리만 청량하다.

일찍부터 우리나라에서도 길지로 알려진 곳이 가야산 자락이고, 천년고찰 해인사가 자리 잡은 곳이다.

솔숲 우거진 이곳에 신라 최치원이 해인사에 은거하며 드나들던 농산정이 숨어있다. 서너 사람 앉으면 비좁을 것 같은 작은 기와로 엮은 정가는 세월만큼이나 켜켜이 쌓인 이끼가 기왓장에 묻어있다. 이 성사에 앉아 번잡한 세속의 오욕칠정을 털어내며 들려오는 물소리에 귀를 씻고 마음을 달랬을 천 년 전의 그때로 타임머신을 타고 되돌아가 본다.

작은 바람결에도 일렁이는 나뭇잎은 고요를 훼방 놓는 물소리에 잎새를 흔든다. 골짜기를 걸어 피곤한 다리를 쉬려고 마루에 걸터앉으니 계곡 물소리가 뒷덜미를 잡아끈다. 골짜기를 바라보니 수량이 많지 않은 계곡 물인데도 석계를 흐르는 물소리는 요란스럽다. 순간 고개를 끄덕이면서 최치원 선생이 남긴 시문에서 그 해답을 얻는다.

> 콸콸 물소리 첩첩이 산봉우리에 울려
> 지척에서 하는 말도 알아들을 수 없구나
> 늘 시비하는 소리 귀에 들릴까 두려워
> 물소리로 온통 산을 둘러싸게 했네.

천 년 전 가야산 독서당에서 읊은 시이다.

최치원은 세상이 싫어 어디로 갈까 헤매다가 자연 속 깊숙한 사찰로 숨어들었다. 세상 삶에 회의와 좌절을 맛보고서 자연을 찾아들어 벗이 되었다. 자연 속에서도 한동안 마음을 다스리지 못해 방황하면서도 새롭게 마음을 다잡았다. 다시는 혼탁한 세속에 환속하지 않겠다는 굳은 다짐이었다. 가야산 홍류동천에 은거하다 나들이 나온 곳이 해운대 동백섬과 낙동강(황산강) 기슭에 있던 임경대(臨鏡臺)이다. 이곳에 올라 눈앞에 펼쳐진 강안의 풍광을 시로 읊었다.

> 멧부리 웅긋 중긋 강물은 출렁 출렁
> 집과 산이 맑은 물속에 서로 짝을 이루는데
> 바람 실은 돛단배 어디로 떠 가는가
> 새처럼 어느 결에 자취 없이 사라지네.

해운대에서 양산을 거쳐 물금에 이르러 오봉산 자락 강변에 솟은 누대에 올라 자적하게 흐르는 강물을 굽어보며 시를 읊었다. 당시의 황산강은 지금의 낙동강을 말한다. 황산(黃山)이란 어원은 문헌기록으로 삼국사기의 제사조에 처음 등장한다. '신라 제2대왕(거서간 시기) 즉위식(년) 봄부터 제사를 지냈는데, 그 장소 가운데 한 곳이 황산하(黃山河)라고 하였다. 이때가 서기 4년이다.'고 했다. 기록을 중시한다면 황산하에는 가장 먼저 나루가 생겨난 것도 황산진구(黃山津口)이다. 이곳에서 신라의 탈해이사금 21년 8월에 아찬(阿飡), 길문(吉門)이 가야병과 황산진구에서 싸워 1천여 명의 목을 베었다. 이 공으로 길문은 파진찬이 되었다.

황산이란 어원은 오봉산에서 철광의 누른 쇳물이 흘러들어 항시 벌겋게 강물이 혼탁해 붙여진 이름이라 이 지역 사학자들은 말하고 있다. 이같이 최치원은 자연을 풍미하여 가는 곳마다 시와 산문을 남겼다. 그의 문학의 특성이라면 문체가 다양하고 명확하게 표현한 이론과 굵은 스케일, 내용이 정확하게 묘사되어 있다. 신라인이지만 일찍이 당나라에 가서 공부를 했기에 신라의 전통적인 향가문학과는 다른 개척당시의 구성방식이 4자와 6자가 기본 바탕이 되어 미묘한 부드러움과 아름다움을 느끼게 한다. 쉽게 비유하자면 한 쌍의 말이 나란히 마차를 끄는 의미와 금슬 좋은 부부란 뜻으로 격식을 중시하고 상류 귀족이 좋아하는 문체를 말함이다.

최지원은 헌강왕 원년(857) 신라 사부량에서 출생했다. 열두 살의 나이에 당나라에 6년 간 유학해 과거시험에 합격한 신동이다. 그의 아버지 최견일은 "만일 십년 안에 과거시험에 합격하지 않으면 내 아들이라 부르지 않겠다."고 했다. 최치원 또한 졸음을 쫓으려고 공부할 때는 가시로 허벅지 살을 찌를 만큼 열심히 했다. 시험에 합격한 뒤로 낙양(洛陽)을 돌아보면서 많은 시를 썼다. 이즈음에 쓴 「격황소서(激黃巢書)」란 글 때문에 최치원은 유명해졌다. 당시 관리이던 황소가 반란을 일으켜 자신이 황제라고 했을 때 쓴 글이었다. 토황소격문을 써 보낸 것을 읽고 놀라서 의자에 앉았다가 마룻바닥에 굴러 떨어졌다고 한다.

신라로 돌아왔을 때는 스물아홉 살 때였다. 헌강왕은 높은 자리를 주었고 최치원은 당에서 배운 학문을 최선을 다해 펼쳐 나갔다. 하지만 청년이던 최치원의 야망은 한계에 부딪쳤다.

최치원은 신라의 17관등 가운데서 6등위까지만 오를 수밖에 없는 육두품 출신이었다. 그보다도 말기의 신라는 부정부패가 만연된 혼란기였고 앞날에 대한 희망이 없었다. 그래도 34살이던 해 지방 관리를 자청하여 전북 태인(태산군), 함양(천령군), 서산(부성군) 태수로 전향하여 큰 뜻을 펼쳐 보려고 하였으나 이루어지지 않았다.

함양 태수로 있을 때 사랑하는 아들을 잃고 상심하며, 고을을 떠나면서 학사루 앞마당에 느티나무 한 그루를 심었다. 관직을 버리고 세상의 이목을 피해 자연 속에 살고자 가야산 해인사로 찾아 들었다. 이곳에서 농산정을 짓고 글과 벗하며 한 생애를 보냈다.

최치원의 반려문체는 상류사회가 좋아하는 것이었다.

그러나 내면적으로 서민들과 더욱 가까이하며 추앙을 받았다. 생각해보면 속세를 떠나 자연에 묻혀 산 사람이 한 둘이겠는가? 멀게는 최치원부터 조선후기에는 성리학의 대가이던 이황도 70세 되던 해에 청량산으로 들어가서 일생을 마쳤고, 같은 시대를 살았던 조식도 지리산 자락 산천제에 은거하며 일생을 마쳤다.

산지보존협회 이사장인 이천용은 '인간은 이상을 간직하면서 현실과 타협하여 산다. 이상이 실현된다면 현실에 대한 고민은 줄어들지만, 이상이 실현될 가능성이 적어지면 이상과 현실 사이를 방황한다.'고 했다.

훗날 고려 현종(1023년)은 최치원의 지대한 업적을 찬양하며 문창후란 벼슬에 추서했으니 그의 고귀한 학문을 짐작할 것 같다.

늦은 고월(皐月)이 저무는 농산정 주변의 산섶엔 무수한 산꽃들이 피고지고를 거듭한다. 산새도 저무는 상춘의 낙화가 애달픈지 목놓고 울며 떠나려는 발길을 무겁게 한다.

(2014. 6)

홍상도(紅裳島) 달불놀이

세세년년은 가고 오는 새해는 아이와 어른 할 것 없이 마음을 들뜨게 한다. 특히 구정은 명절 중 가장 크게 쇠는 오랜 한민족의 설날이다. 한때는 양력설을 지내라고 정부의 방침도 있었으나 대다수 국민들은 수천 년 동안 지켜 내려온 설날을 하루아침에 바꿀 수 없어 옛 방식대로 설을 쇠는 사람이 많았다. 다만 공직에 있는 사람들은 정부시책이 그러니 어쩔 수 없이 따랐지만, 그 외 사람은 구정을 쇠는 것을 당연시 했다. 지켜보던 정부도 국민이 따르지 않는 양력설을 강압적으로 쇠게 하지 못했다. 고심 끝에 '민속의 날'로 정하고 3일간 연휴 하도록 국회에서 법을 통과시켰다. 이에 국민들은 환영의 박수를 보냈다.

설빔을 곱게 차려입고 조상님께 차례를 지내고 흩어졌

던 가족과 형제들이 모여 성묘를 하고, 음식을 나눠먹는 풍습은 생각만 해도 즐겁고 기쁨이다. 다음 날은 친척이나 처가엘 가는 모습을 볼 때마다 정말 우리 민족의 자긍심과 정체성을 새롭게 가슴속에 느끼게 된다.

설날은 정월대보름까지 이어져 집안의 액귀를 물리치는 풍악놀이를 하고, 1년 동안 액운을 모두 몰아내는 뜻으로 집안 구석구석을 쓸어낸다. 아이들은 하늘 높이 연을 띄워 정월보름달은 모든 악귀(惡鬼)를 실어 연줄을 끊어 멀리 날려 보낸다.

어릴 때 생각이 난다. 차례상을 준비하는 아버지를 졸라 만들어준 방패연은 최상의 선물이었다. 신주 모시듯 동생들이 손 못 닿게 벽장 속에 간직하며, 매일 같이 마을 앞 모래벌판에서 홍상도 위쪽으로 연을 하늘 높이 띄우던 생각이 어제일 같이 생생하게 기억이 새롭다. 보름 안날까지 띄우던 연은 보름날 해가 저물기 이전에 하늘 높이 날아가게 연줄을 끊어줘야 한다. 얼레를 떠난 연은 길 잃은 기러기처럼 허공에서 몇 번 맴을 돌다 아쉬운 듯 가물거리며 수평선 멀리 일본 열도 쪽으로 사라져 갔다. 지금도 눈을 감으면 코딱지 말라붙은 어린 소년이 볼을 실룩거리며, 돌담 밑에서 언 손을 불며 연을 날리던 모습이 선명하게 떠오른다.

연을 띄워 보낸 아이들은 아쉬움을 털어버리기라도 하듯 마을 형들을 따라 달집놀이 준비에 끼어든다. 낫이나 톱을 준비해 마을 뒷산으로 올라가서 솔가지를 베어서 적당히 지게에 지고 석대(뱃머리 어판장)에 모인다. 형들은 지고 온 아이들 솔가지와 형들이 준비한 나무를 노 젓는 배에 싣고 홍상도로 옮겨간다. 또 다른 한두 척의 배는 조무래기와 노래 아이들이 타고 간다. 많은 아이들이 참여하는 것은 옮겨온 솔가지와 짚단을 홍상도 위에 올리려면 줄을 서서 옮겨야하기 때문이었다. 숙련된 몇 명의 형들은 노적볏가리처럼 볏단과 생솔가지를 쌓고 달집을 완성한다. 주변에 흩어진 나무와 짚 부스러기를 말끔히 정리하고서 달이 떠오르기를 기다린다.

정월대보름의 달은 정말 쟁반같이 둥글게 수평선에서 솟았다. 어쩜 그리도 선명하게 밝고 둥글고 큰지 이즈음에는 그때처럼 그렇게 멋진 달을 볼 수가 없어 아쉽기만 하다.

달이 중천을 향해 불쑥 솟아오르면 달집에 불을 지른다. 짚단에 붙은 불은 삽시간에 생솔가지를 태우며 허공 높이 검은 연기와 사방을 훤히 비추며 훨훨 타오른다. 모여든 아이들은 그냥 좋아서 환성을 지르며 손뼉을 치고 껑충거리며, 불이 타는 달불 주변을 신이 나서 뜀박질로 돌기도 하면서 대보름달을 반겨 맞는다. 해마다 수없이 보아온 보름달이건만 홍상도 달불놀이에서 보는 달은 유난히 크게 보인다. 정말 옥토끼가 계수나무 아래서 방아 찧는 것 같은 착각에 빠지며 신비함을 더한다.

홍상도는 미포동 안마을(내리)의 바다 가운데 있는 바위섬으로 섬 위에 오르면 사방이 확 트여 멀리까지 조망이 좋은 곳이다. 홍상도 달불놀이를 시작으로, 동쪽으로 주전, 당사에서 달불이 오르고, 서쪽으로, 녹수, 전하, 일산 마을에서도 달맞이 불놀이 행사가 시작된다. 해안은 마을이 있는 포구마다 보름달 달불놀이로 진풍경을 이룬다.

밝은 달빛과 활활 기세 좋게 타오르는 불꽃의 밝음으로 홍상도 기슭 주변으로 고기떼가 몰려들어 물살을 헤집으며 장관을 연출한다. 은빛 비늘이 불빛에 번쩍이면서 반월을 맞는 축제를 함께 벌인다. 밝은 불빛 따라 모여든, 숭어 떼, 전어 떼들이 한바탕 소란을 피우고 사라지고 나면 어지럽게 물거품만 가득하다.

물고기 떼들의 축제로 불꽃도 춤을 추듯 마지막 열기를 다하며 타오른다.

마을 어른들은 돌담 어귀에 모여서 여느 때보다 밝게 떠오르는 달을 보며 한 해의 소원을 빈다. 풍어 들기를 바라는 사람, 무병하기를 바라는 사람, 노총각, 처녀 짝지어 시집, 장가가기를 소원하는 사람들의 비는 마음 간절하다.

그렇게 제각기 소원을 빌던 홍상도 대보름 달불놀이는 맥이 끊긴 지 오래되었다. 1970년 현대조선소가 들어서면서 홍상도 바위섬은 산산이 폭파되어 바다 속 방파제 매립 공사로 사라져 버렸다. 미포 마을 사람들의 대대로 이어져 오던 풍습도 유년의 꿈을 기워주던 섬도 소멸되어 버렸다.

(1994. 1)

태화강 꽃밭을 거닐며

유월, 햇살 밝은 어느 날 태화강 둔치의 꽃밭 길을 걷는다.

온갖 꽃들이 아름답게 피어나 도심과 강물에 꽃빛을 수 놓고 있다. 선홍의 핏빛 양귀비꽃이며, 흰 안개초, 수레국화를 비롯한 재배꽃과 야생화들이 천태만상 제 이쁜 모습을 뽐내며 봄의 향연과 더불어 꽃 축제를 선보인다.

투박하면서도 엷은 꽃송이들은 맵시와 향기를 발산하며 강바람에 하늘거리는 꽃잎은 더할 수 없는 풍경의 극치이다. 걷던 걸음을 잠시 멈춘 채 바위 턱에 걸터앉아 가만히 꽃들의 잔치를 눈여겨본다. 어쩌면 그리도 순진무구한 동심의 세계일까? 자연은 위대한 창조자임을 다시 한 번 절감하면서 얼마 전 나주의 박씨네 정원에서 보았던 호수의 노오란 창포꽃을 떠올린다.

수천 평 연못에서 만발한 창포꽃은 그야말로 장관을 이루었다. 노란색의 꽃은 나를 어린 시절로 이끌고 갔다. 집 뒤란 채전에 노랗게 핀 배추장다리꽃을 연상시키고, 한동안 무아의 경지에 빠지게 한다.

환상처럼 떠오르는 두보의 시 「곡강(曲江)」의 한 대목이 떠오른다. 점수청정의 봄 풍경을 읊은 대목이 절묘하다. 강변 꽃밭에서 놀던 잠자리가 잔잔한 수면 위를 엷은 날갯짓하며 살짝 구부린 꽁지로 물 점 하나 살며시 찍고는 알을 낳고 날아가는 절묘한 모습이 연상된다.

옛 사람들은 인생의 덧없음을 한스러워하며 꿈같은 인생살이를 조금이라도 보람 있게 살려고 애썼다. 달이 밝은 밤에도 꽃구경을 즐겼고, 어두운 밤에는 등불을 밝히고 놀았다. 중국의 시성인 이태백은 도리원에서 오얏나무 꽃과 복사꽃이 만발한 봄밤에 인생무상을 절감하며 「춘야연도리원서(春夜宴桃李園序)」란 시를 남겼다. 구구절절이 무상함을 읊으며 한탄했다.

삼시 고개를 들고 허공을 바라보니 명주같이 엷은 흰 구름이 흐르나 길을 잃은 듯 꽃밭 위에 그늘막을 친다. 햇살이 뛰던 꽃잎이 잠시 휴식을 찾는 듯 꽃잎마다 싱그러움이 번진다.

앉은 자리에서 일어나 걷던 길을 다시 걷는다. 학성교 아래쪽은 시방 금계국이 활짝 만개하여 장관을 이룬다. 언제이던가?

이십년 전 네덜란드 공항의 상공에서 보았던 기억이 떠오른다. 전국토가 꽃밭이었고 꽃 수출로 먹고 삶을 실감했다. 바둑판같은 평원에는 온갖 꽃들이 재배되어 전 세계로 수출되었다. 특히 장미와 백합, 카네이션, 튤립은 타국의 추종을 불어할 만큼 꽃의 대국이며 원산지였다. 국보급인 흑튤립은 영국도 보유하지 못하는 특종 중의 특종으로 네덜란드만이 가진 품종이라 했다.

그 꽃무리를 보면서 얼마나 감탄 했던지 20여 년 시간이 지나도 잊혀지지 않고 있다. 또한 현재 한국에서 재배되어 자체 생산하는 장미는 그 품종이 당시만 해도 50여 종에 이르렀다. 선진 화훼기술을 견학하고 이전받은 우리나라는 이제 장미와 구근 류의 품종은 많이 확보된 것으로 안다. 그 때문인지 관공서 정원이나 거리의 광장, 공원에는 여러 가지 품종의 구근 류 꽃들이 다양한 색상으로 피어나고 있다.

작은 나라 네덜란드는 경상남북도 면적만 밖에 되지 않

지만 작으면서 큰 나라이다. 북유럽에서 항구 물동량이 제일 많고, 꽃시장이 가장 큰 나라이기 때문이다.

어릴 때부터 꽃을 보고 자란 오드리 햅번은 영화 '로마의 휴일' 주연 여우로 세계적인 대 스타가 되었다. 꽃의 아름다움 속에 자란 햅번은 심성이 고와 세계빈민 복지재단을 만들고 아낌없이 돈을 썼다. 또한 세계적인 화가 람브란트도 꽃을 가꾸는 농부의 아들이다. 이들 외에도 많은 예술인들이 네덜란드 출신이 많아서 그들 국민 모두는 행복해 보였다.

생명이 살아 숨 쉬는 울산, 태화강 둔치는 꽃의 아름다움으로 넘쳐나고 둔치를 산책하는 시민 모두는 행복감을 가슴에 안는다.

'사람이 아름다운 광경을 보면 그 유한함이 뼈저리게 다가오는 것은 무슨 까닭인가? 장엄한 풍경은 이기심과 계산속이 사라진 성자(成字)를 만나는 듯한 정화의 효과를 준다.'고 조용헌은 그의 살롱에서 말하고 있다.

태화강 꽃밭을 거닐면서 인생의 유한함을 더욱 절감하지만, 이 아름다운 꽃밭마저 없으면 일상이 얼마나 삭막할까? 우리 모두 허망함을 가슴 아파 하지 말고 강변의 꽃밭을 가꾸고 아끼며 삶의 즐거움을 가져보자.

작가 연보

1941년(음) 11월 1일 울산시 동구 미포동 26번지
부 한길찬, 모 강월선 사이에서 4남 4녀 중 장남으로 출생, 아호는 동촌(東村: 고 김동리 박사 지음), 연포(硯浦)

학력

1954년 울산 남목초등학교 졸업
1957년 방어진 중학교 졸업
1960년 울산농림고등학교 임학과 졸업
1962년 동국대학 임학과 수학
1973년 브루나이 Kuala Belait 대학 금속학과 수학
1988년 부산대학원 행정대학 석사과정 졸업

문단 경력

1958년 학도주보 「연석촌」 발표(전국 중고등학생 신문)
1959년 학생 백일장 「바위」 차상
학원 「바위」 우수작 당선(전국 중고등학교 학생문예지, 심사위원: 박목월)
1987년 『시와 의식』 수필 등단

1988년 『월간문학』 수필 등단
1994년 『시대문학』 시 등단
1996년 대표에세이 문학회장
1988년 PEN클럽 울산위원회 부회장
2000년 처용수필 문학회장
2004년 경남수필 문학회장
2006년 울산시인협회장
2008년 처용수필문학 회장
2010년 울산문수필담 회장
2015년 청하문학 회장
2016년 영호남수필문학 회장(현)

사회 경력

1985년 MBC문화방송 및 KBS취미생활 생방송(라디오) (3년)
1998년 국제로타리클럽 3720지구 남울산클럽 주보(홍보)위원장 (4년)
2002년 국제로타리클럽 3720지구 남울산클럽 국제분과위원장
새주소 부여사업 울산광역시 지명위원
2003년 울산광역시 관광해설사 양성교육 강사(포경사)
2005년 울산 남구 문화원 수석부원장
2007년 울산 향토사 연구회장
2008년 효문화선양회 창립 제2대 회장(울산광역시 교육청 지정)
2010년 효문화선양회 초, 중, 고 일반 효 지도강사(울산광역시, 교육청)
2011년 숲생태 해설강사(학교, 일반)

수상

1988년	동포문학상 수상(12회: 한국문인협회)
2000년	한국수필문학상(10회)
2008년	영호남수필문학상
2011년	새한국문학상
2012년	울산시 詩문학상
2013년	국제 PEN문학상
2013년	한국문학진흥재단 문학상
2014년	새한국 문학상

수필집

1989년	『고향의 달빛』(교음사)
1990년	『봄이 열리는 길목에서』(처용출판사)
1991년	『봄비 내리는 대륙』(교음사)
1992년	『바람이 떠난 자리에 노을은 지고』(문학관)
1994년	『그리운 곳 가고 싶은 나라』(사닥다리)
1995년	『초원을 걸으며 사랑을 나누며』(교음사)
1999년	『슬픔은 강물 위에 노을지고』(은혜미디어)
2004년	『비상을 꿈꾸는 대륙』(제일출판사)
2005년	『영국문학기행』(연출)
2008년	『봄버들 연가』(도서출판 경남)
2009년	『마음의 선물』(도서출판 경남)
2015년	『귀신고래와 명포수』(좋은수필사)
2017년	『나무들의 합창』(소소리)

시집

1993년 『홀로 우는 바다새』(푸른산)

2001년 『솔숲에 이는 바람소리』(제일출판사)

2007년 『문화유적 답사시』(제일기획)

2015년 『향기 술래잡기』(문예운동사)

칼럼집

2002년 『어설픈 목소리』(제일출판사)

논문집

1998년 『울산향토사 연구』(빙이진 동면편: 처용)

2005년 『세계포경사』(컬러판 500쪽: 연출)

출간 예정

2017년 『바람 따라 세월 따라』(예정)

2017년 『한석근 시전집』(예정)